Bibliografische Information der Deutschen Nationalbibliothek: Die Deutsche Nationalbibliothek verzeichnet diese Publikation in der Deutschen Nationalbibliografie, detaillierte bibliografische Daten sind im Internet über dnb.dnb.de abrufbar.

TWENTYSIX
Eine Marke der Books on Demand GmbH

© 2022 Marlis Furger

Herstellung und Verlag:
BoD - Books on Demand, Norderstedt

ISBN: 978-3-740787042

Für unsere Kinder

Fabian, Janina, Vera, Seraina

Wiederholt nicht meine Fehler,
macht eure eigenen.

In Liebe

euer Mami

Inhaltsverzeichnis

Einleitung 7
1 Eltern bleiben Partner 9
   1.1 Partnerschaft pflegen 10
   1.2 Gemeinsame Grundlage der Erziehung 18
2 Zu sich selber Sorge tragen 33
   2.1 Herausforderungen mit Gelassenheit und Stärke meistern 34
   2.2 Neue Gewohnheiten schaffen 41
3 Kinder entfalten sich 51
   3.1 Sichere Bindung 52
   3.2 Eigene Stärken entdecken 57
   3.3 Selbstbild 65
4 Beziehung zum Kind pflegen 69
   4.1 Kommunikation 74
   4.2 Aktiv zuhören 78
   4.3 Sprache 87
   4.4 Beziehung hält Spannungen stand 91
      4.4.1 Trotzphase 91
      4.4.2 Pubertät 95
5 Anregende Umgebung 101
   5.1 Innerer Antrieb 102
   5.2 Sinneseindrücke sammeln und verarbeiten 109

5.3	Bewegen	112
5.4	Spielen	117
5.5	Musik	123
5.6	Digitale Medien	124
5.7	Umgang mit schmerzhaften Gefühlen	127
6	Kinder in den Alltag miteinbeziehen	131
7	Erziehung gibt Sicherheit	135
7.1	Kinder zur Verantwortung führen	136
7.2	Unterstützendes Umfeld schaffen	141
7.3	Frühe Unabhängigkeit	147
7.4	Feinfühlige, sensible Kinder	147
7.5	Gemeinsame Mahlzeiten pflegen	149
8	Als Familie auf dem Weg	153
9	Probleme als Chancen nutzen	169
9.1	Respektvoller Umgang miteinander	182
9.2	Lösungsorientierter Umgang mit Problemen	191
10	Gestärkt fürs Leben	199
11	Herzlichen Dank	203
12	Literaturverzeichnis	207

Willkommen liebe Eltern, Bezugspersonen von Kindern und Interessierte

Sie werden mit Ihrem Kind, Ihren Kindern, auf den Weg gehen oder befinden sich bereits auf einem gemeinsamen Weg. Es freut mich, dass ich Sie durch meine Anregungen und Denkanstösse auf Ihrem Weg begleiten darf und ich bedanke mich für Ihr Vertrauen. Ich ermuntere Sie mit meinem Buch, offen nach Wegen, Möglichkeiten und Lösungen für eine gute Erziehung und ein bereicherndes Zusammenleben zu suchen.

Vier Kinder – einen Sohn und drei Töchter - begleiten mein Mann und ich auf ihrem Weg. Mit grosser Freude und Dankbarkeit dürfen wir auf eine bereichernde, aber auch anstrengende und herausfordernde Familienzeit zurückschauen und jetzt das Zusammensein mit unseren wundervollen, einfühlsamen, verantwortungsbewussten, engagierten und reflektierten erwachsenen Kindern geniessen.

Die Liebe zu unseren Kindern und die Freude über die Einzigartigkeit jedes Kindes half uns, in schwierigen Zeiten unsere Kräfte zu mobilisieren. Nicht alle herausfordernden Situationen haben wir erfolgreich gemeistert. Aber die gemachten Erfahrungen haben uns die Möglichkeit gegeben, uns zu entwickeln. Sie haben uns gezeigt, dass es in der Erziehung nicht nur einen richtigen Weg gibt.

Beim rückblickenden Nachdenken über gefällte Entscheidungen kamen mir oft Zweifel, ob ich wirklich richtig gehandelt habe, was mich verunsicherte. Meine eigene Suche nach einem guten Weg hat mich zum Lesen zahlreicher Sachbücher bewogen. Diese Fachbücher haben mir andere Sichtweisen eröffnet und neue Impulse gegeben.

In meiner Arbeit als Primarlehrerin und später als Schulische Heilpädagogin haben sich mir junge Menschen geöffnet und sich von mir begleiten lassen. Ich bin dabei auch mit Kindern in Kontakt gekommen, die bereits entmutigende Erfahrungen gemacht hatten. Viele Eltern suchten im herausfordernden Zusammenleben verlässliche Unterstützung, welche die Gemeinschaft immer weniger bietet. Zudem fehlen heute allgemein gültige Normen und Werte als Orientierungshilfe. Dies birgt die Chance, unsere eigenen Werte festzulegen.

Ich bin dankbar für das Vertrauen, das mir Kinder und Eltern geschenkt haben und die vielen Lernerfahrungen, die sie mir damit ermöglicht haben.

Im Buch habe ich nun mit grosser Freude meine eigenen Erfahrungen sowie die Anregungen aus der Fachliteratur zusammengeführt. Einbezogen habe ich vor allem die Denkweise der Positiven Psychologie, die enormen Fortschritte der Neurowissenschaft[1] sowie die Forschungsergebnisse der Resilienzforschung[2]. Die Buchhinweise sollen die Suche nach einem geeigneten Buch zur Vertiefung eines Themas erleichtern.

Ich hoffe, dass meine Denkanstösse dazu beitragen, dass Sie für sich einen Weg in der Erziehung finden, auf dem Sie sich gut und sicher fühlen und Ihren Kindern so Sicherheit, Geborgenheit und Vertrauen schenken können. Dazu lade ich Sie herzlich ein.

Mögen Sie diese herausfordernde Aufgabe als Bereicherung erleben. Ich wünsche Ihnen dazu viel Liebe, Freude, Offenheit, Mut und Vertrauen in Ihre eigenen Fähigkeiten und die Ihrer Kinder.

November 2021, Marlis Furger

---

[1] Hirnforschung
[2] Widerstandskraft der Seele

Liebe Leserinnen und Leser

„Bevor ich mit meinem Mann eine Familie gründe, muss er unbedingt dieses Buch lesen!" Dies waren meine Worte an Marlis Furger, nachdem ich ihr Buch das erste Mal gelesen hatte. Die von ihr gewählten Worte fördern eine liebevolle und wertschätzende Erziehung und die Denkanstösse im Buch regen immer wieder dazu an, über sein eigenes Handeln nachzudenken.

Zu dieser Zeit war ich als Pädagogin tätig, mit Marlis als Mentorin und Heilpädagogin an meiner Seite. In meiner Klasse durfte ich bereits viel von ihr lernen und das Gelernte gleich mit ihrer Begleitung umsetzen. Ich bin dankbar, dass Marlis ihr Wissen nun in einem Buch festhält und für alle zugänglich macht.

Beim zweiten Durcharbeiten des Buches war ich bereits Mutter von zwei Kindern. Aus einem anderen Blickwinkel entdeckte ich Abschnitte, die zuvor nicht wichtig waren oder eine andere Bedeutung hatten. So bin ich überzeugt, dass ich dieses Buch nicht das letzte Mal zur Hand nehme. In verschiedensten Phasen und Lebensabschnitten werde ich mich an Marlis wenden, sei es persönlich oder indem ich ihr Buch lese.

Marlis Furger hat es geschafft, Fachliteratur der Pädagogik in Denkanstösse für die Erziehung umzuwandeln. Persönliche Beispiele und Erlebnisse stützen das Werk und lassen viel Einblick ins Leben der vierfachen Mutter und Pädagogin zu. Ihre positive und wertschätzende Persönlichkeit ist im Buch spürbar. So passend empfinde ich auch den gewählten Titel: Die eigene Sicherheit schafft Raum für Geborgenheit. Als Mentorin hat mich Marlis in meiner Arbeit als Primarlehrerin geprägt. Dank ihrem Buch kann ich auch als Mutter von ihrem grossen, umfangreichen Wissen profitieren.

Ich wünsche Marlis alles Liebe auf ihrem Weg und Ihnen allen viel Freude beim Lesen.

Januar 2021, Jasmin Hunziker

Einleitung

Wir alle wünschen uns im Leben einen Platz, an dem wir uns geborgen und angenommen fühlen. Mitmenschen, die uns so annehmen, wie wir sind, schaffen für uns einen Raum, in dem wir uns sicher fühlen und Geborgenheit erleben. Dadurch entwickeln wir Vertrauen in uns selbst und in das Leben. Die Pflege der Beziehung zu uns selbst und zu unseren Mitmenschen bildet die Grundlage für unsere eigene Sicherheit und Geborgenheit und für den Aufbau von Vertrauen. Wir erlangen Sicherheit, indem wir unsere eigenen Bedürfnisse wahrnehmen und beachten. Dadurch schaffen wir einen verlässlichen Rahmen für sichere Bindungen.

Die Unterstützung durch die Gemeinschaft und die Grossfamilie ist in den letzten Jahrzehnten zurückgegangen, der Individualismus hat zugenommen. Wir Eltern, egal in welcher Familienform wir leben, sind gefordert, in der Erziehungsarbeit aktiv nach einem eigenen Weg zu suchen. Unsere Aufgabe ist die Schaffung eines vertrauensvollen Raumes, in dem sich unsere Kinder sicher und geborgen fühlen und sich entwickeln und entfalten können.

Im Zentrum meiner Ausführungen steht immer die Schaffung dieses Raumes, in dem alle Beteiligten Vertrauen in das Leben entwickeln können. Die bewusste Vorbereitung auf diese wichtige Aufgabe erscheint mir sehr wertvoll und notwendig, auch wenn ich der Meinung bin, dass wir alle das Wissen in uns haben, was Kinder brauchen. Durch unsere aktive Auseinandersetzung mit uns selbst und die regelmässige Reflexion ermöglichen wir uns den Zugang zu diesem Wissen.

Unser Vertrauen in uns und unsere Kinder, unsere Einfühlsamkeit und Verlässlichkeit hilft unseren Kindern, Vertrauen in sich und die Welt zu entwickeln und später selber sichere Bindungen zu schaffen. Sie entwickeln durch die Sicherheit, den Halt und die Orientierung ein Grundvertrauen ins Leben. Im Familienalltag lenken wir unseren Blickwinkel auf die Stärken jedes Einzelnen und freuen uns daran. So bereichert uns das Zusammenleben. Alle entwickeln ein gutes Selbstwertgefühl, welches auch zulässt, zu Schwächen zu stehen und Probleme als Chancen zu nutzen.

Gestärkt entdecken unsere Kinder ihren eigenen Weg, entfalten ihr Potenzial und werden zu einem wichtigen, aktiven Teil unserer Gesellschaft.

Für Eltern, welche sich dieser Herausforderung alleine stellen, ist es besonders wichtig, dass sie gut für sich selbst sorgen und ein unterstützendes Umfeld aufbauen, um sich sicher und gut zu fühlen. Die Pflege der Beziehung zum Partner steht daher nicht an erster Stelle, die Auseinandersetzung mit den eigenen Werten jedoch schon.

1 Eltern bleiben Partner

1.1 Partnerschaft pflegen

Als Eltern begeben wir uns gemeinsam auf einen neuen, unbekannten Weg. In unserem eigenen Reisegepäck befinden sich bereits vielfältige Erfahrungen, die uns prägen und beeinflussen. Für die weitere Reise ist es wichtig zu wissen, was sich im eigenen und im Gepäck unseres Partners befindet. Der gemeinsame Weg als Paar und die gemeinsame Erziehungsaufgabe bieten uns Möglichkeiten uns zu entwickeln. Die Richtung der Entwicklung legen wir zusammen fest, um gemeinsam auf dem Weg zu bleiben und uns gegenseitig zu unterstützen.

Eine wichtige Grundlage jeder Beziehung ist das Gefühl, richtig zu sein und angenommen zu werden, so wie man ist. Dies ermöglicht, dass jeder sich sicher und geborgen fühlt, es entsteht Vertrauen und ein respektvoller, wohlwollender und einfühlsamer Umgang miteinander. Möglicherweise haben uns an unserem Partner Eigenschaften angezogen, die wir selbst nicht haben, die uns jedoch irgendwann anfangen zu stören.

Aufbau von Vertrauen und Sicherheit in der Beziehung

Vielleicht ärgern sie uns mit der Zeit gerade deshalb, weil wir diese Eigenschaft nicht haben und wir sie auch gern hätten oder weil diese Eigenschaften in uns verborgen sind und wir sie nicht zulassen. Unser Partner hat sich also nicht verändert, vielmehr sind es unsere Gefühle und unsere eigenen Gedanken über den Partner. Beispielsweise haben wir zu Beginn der Beziehung seine standhaften Überzeugungen bewundert und empfinden diese nun als Sturheit.

Betrachten wir unseren Partner mit einer positiven, wohlwollenden Einstellung, vermeiden wir die Entwicklung negativer Gefühle. Wir beobachten und hinterfragen unsere Gedanken genau und ergründen, ob sie wirklich der Realität entsprechen oder unsere Sichtweise, unsere Interpretation zeigen. Spiegelt mein Partner mir meine eigenen Gedanken über mich, handelt es sich um eine Projektion? Dabei helfen uns die Fragen: „Was gehört zu mir? Was ist mein Anteil an diesen Gefühlen? Was gehört zu meinem Partner?" Dieses Vorgehen unterstützt uns beim Loslassen von negativen Gefühlen und Gedanken, damit wir nicht in ihnen stecken bleiben und zusammen gute Gefühle teilen. Es entsteht eine gute Stimmung und dadurch ein Gefühl der Verbundenheit; wir fühlen uns sicher, wohl, nahe und zufrieden. Diese Gefühle bilden die Grundlage für eine bereichernde, tragfähige Beziehung, in der jeder seine Stärken einsetzt und bei Schwächen Unterstützung bekommt, seinen eigenen Weg gehen und sich entwickeln kann.

> „Wenn Unterschiede mit Respekt betrachtet werden, sehen Partner sich gegenseitig als Ergänzung. Werden die Unterschiede aus einem Gefühl der Unzufriedenheit heraus gesehen, lässt das die Partner inkompatibel[3] erscheinen. Es ist das Gefühl, das den Unterschied macht. Respekt und Zuneigung sind die Gefühle, die Charakterunterschiede als Vorteile in einer Beziehung erkennen. Diese Gefühle erlauben einer Person, von der anderen zu lernen."
> (Pransky, 2017, S. 28)

---

[3] Nicht vereinbar, nicht zusammenpassend

Für den Aufbau und Erhalt dieser Grundlage brauchen wir Zeit, unsere Beziehung benötigt Pflege. Alles, was wir für unseren Partner aus dem Gefühl der Liebe heraus tun, leistet einen Beitrag für gute Gefühle, sei es etwas Kleines wie eine herzliche Umarmung oder das liebevolle Servieren eines Kaffees, nachdem der Partner uns bekochte.

Beziehung pflegen

Einige Bedürfnisse müssen erfüllt sein, damit wir unser Potenzial ausschöpfen können. Dabei handelt es sich nicht nur um biologische Bedürfnisse wie Nahrung und Erholung, sondern auch um das Bedürfnis nach Sicherheit, Bindung und Wertschätzung[4]. In der Beziehung ermöglichen wir uns gegenseitig, diese Bedürfnisse zu befriedigen.

> „Liebe ist gekennzeichnet durch ein hohes Mass an Verantwortung für den Partner und durch ein hohes Mass an Authentizität[5]. Weitere unverzichtbare Merkmale einer glücklichen Beziehung sind Wertschätzung, Zärtlichkeit, Mitfreude, Einfühlungsvermögen und das Akzeptieren von Schwächen."
>
> (Stahl, 2017, S. 214)

---

[4] Siehe Bedürfnishierarche, Kapitel 9
[5] Echtheit, Zuverlässigkeit, Glaubwürdigkeit

Offene Gespräche, in denen wir einander wirklich zuhören und erfahren, was der andere denkt und fühlt, vertiefen die Beziehung und schaffen ebenfalls positive Gefühle. Ein interessiertes Fragen: „Wie geht es dir?", ermöglicht es, in Verbindung zu bleiben. Wir können für regelmässige, ungestörte Gespräche einen fixen Zeitpunkt, Ort und Ablauf festlegen und uns so eine Gesprächsinsel einrichten. Bewusst erinnern wir uns daran, was uns verbindet, was wir aneinander schätzen und was wir uns voneinander wünschen. Dabei lernen wir uns immer besser kennen und nehmen uns gegenseitig so an, wie wir sind. Damit schaffen wir eine gute Gewohnheit, die positiven Gedanken und Gefühle zu beachten, das Gute im Partner und in der Beziehung zu erkennen und nicht an Negativem hängen zu bleiben. Wir pflegen regelmässig unsere Psyche, wie wir das auch mit unserem Körper tun. Gute Gefühle zeigen uns, dass wir mit uns im Reinen sind und unsere Gedanken auf das Gute gerichtet haben. Andererseits weisen uns negative Gefühle darauf hin, unsere Gedanken genauer zu betrachten. Wir kennen sowohl die eigenen Vorstellungen, Bedürfnisse, Stärken, Schwächen und Ziele wie auch jene des Partners zunehmend besser und wir können uns beide entwickeln, entspannt und authentisch[6] leben und uns entfalten.

> Gesprächsinsel schaffen

Ein empathischer[7], respektvoller Umgang miteinander, die gegenseitige Wertschätzung und das Akzeptieren der Schwächen des Partners bilden eine gute Grundlage für eine stabile Beziehung. Aus dieser Sicherheit

---

[6] Echt, zuverlässig, glaubwürdig
[7] Einfühlsamer

heraus gelingt es uns, unsere wahren Gefühle zu zeigen und sie nicht mit Hilfe von Schutzstrategien zu verbergen.

Schutzstrategien sind beispielsweise das Anstreben von Perfektion oder übermässiger Kontrolle, das Verdrängen der Realität oder das Streben nach Harmonie, indem wir uns lieber anpassen als einbringen. Bewerten, beurteilen oder interpretieren wir das Gesagte oder das Verhalten unseres Partners auf unserem Erfahrungshintergrund, dann stören wir dadurch das Verständnis füreinander und das Gefühl nach Nähe und Sicherheit. Im reflektierenden Gespräch erkennen wir unsere Schutzstrategien und setzen uns bewusst mit ihnen auseinander.

Um uns, unser gemeinsames Leben und unseren Partner besser zu verstehen, ist es sehr hilfreich, sich gegenseitig die eigene Lebensgeschichte zu erzählen. Das Erzählen von negativen Erfahrungen hilft uns zudem, diese zu verarbeiten. Es kann schwierig sein, schmerzhafte Eindrücke und Empfindungen in Worte zu fassen, da die schmerzhaften Gefühle ebenfalls an die Oberfläche gelangen. Es ist jedoch wichtig, dass wir auch diese Gefühle zulassen, damit sie verarbeitet und geheilt werden können.

Lebensgeschichte kennen und verarbeiten

Offen, unvoreingenommen, neugierig und einfühlsam hören wir die Geschichte unseres Partners ohne sie zu bewerten. Wir fördern mit unserer einfühlsamen Haltung das Entstehen von Sicherheit und Geborgenheit. Fühlt sich unser Partner sicher, wohl und angenommen, erleichtert ihm dies das Erzählen und das Zulassen von negativen Gefühlen, beispielsweise auch von Erlebnissen, für die er sich schämt.

„Wenn wir uns die Zeit nehmen, über unsere zwischenmenschlichen und unsere inneren Erfahrungen nachzudenken, können uns die bessere Selbstkenntnis und die grössere Aufmerksamkeit in die Lage versetzen, uns weiterzuentwickeln."
(Siegel & Hartzell, 2014, S. 66)

Der Prozess der Heilung negativer Erlebnisse ist schmerzhaft und braucht Zeit. Heilung erfolgt nicht nach einem ersten Aussprechen. Möglicherweise setzen wir uns regelmässig immer wieder mit dem Inhalt unseres „Gepäcks" auseinander. Wir nehmen uns aber auch Zeit, wenden uns positiven Dingen zu und bekommen Abstand zu schmerzhaften Erinnerungen. Nicht alles, was wir bereits lange mit uns tragen, erfordert das sofortige Ausräumen. Stück für Stück packen wir aus, betrachten es, lassen es zu und dann wieder los, im eigenen Tempo. Wir geben uns die Zeit, die wir dazu benötigen.

Vielleicht hilft es uns beim Erzählen, wenn wir zuerst für uns allein unsere eigene Geschichte aufschreiben. Treten dabei heftige Gefühle auf, deuten sie uns an, dass diese Erfahrung noch nicht verarbeitet ist. Das Geschriebene dient bei Gesprächen als Gedankenstütze. Zudem leistet auch das Aufschreiben einen Beitrag zur Verarbeitung.

Denkanstösse:

- *Wie sorgen wir in unserer Beziehung für Wohlbefinden und innere Zufriedenheit?*
- *Wann nehmen wir uns bewusst Zeit für einander?*
- *Welche Vorstellungen, Gefühle, Bedürfnisse und Ziele haben mein Partner und ich?*
- *Welche Grundwerte sind uns wichtig?*
- *Wie setzen wir uns mit unseren negativen Erfahrungen, die uns beeinflussen, auseinander?*
- *Was tun wir, um Projektionen und Schutzstrategien zu erkennen?*

1.2 Gemeinsame Grundlage der Erziehung

Die Erziehung von Kindern ist eine gemeinsame Aufgabe. Sie erfordert einen Austausch über die selbst erlebte Erziehung, Vorbilder, Werte, Rollen und gemachte Erfahrungen. Idealerweise findet dieser Austausch bereits vor der Geburt des ersten Kindes statt.

Austausch über Erfahrungen, Rollen und Werte

Er kann auch gemeinsam schriftlich festgehalten werden, um sich später wieder daran zu orientieren. Kindern gibt es Sicherheit, wenn sie spüren, dass ihre Eltern für gleiche Werte einstehen. All die Erfahrungen, die wir in unserer Kindheit gemacht haben, sowie die Rollen, die wir in unserer Herkunftsfamilie hatten, beeinflussen unsere eigenen Werte.

Wir sind also herausgefordert, unsere Kindheitserinnerungen genauer zu betrachten. Wer mit Freude an seine eigene Kindheit zurückdenkt, kann auf gute Vorbilder zurückgreifen und intuitiv[8] – ruhig und angepasst – reagieren. Lösen die eigenen Kindheitserfahrungen negative Gefühle aus, dann wollen oder können wir uns nicht von ihnen leiten lassen, weil wir diese Erfahrungen unseren Kindern ersparen wollen. Sie erschweren es uns, intuitiv zu reagieren, ohne in gleiche Verhaltensmuster zu verfallen, wie wir sie erlebt haben.

Zudem sind uns nicht alle Erfahrungen bewusst. Unbeabsichtigte Reaktionen gegenüber unserem Partner und unseren Kindern, beispielsweise, wenn wir wegen einer Kleinigkeit unkontrolliert

Unbeabsichtigte Reaktionen

---

[8] Auf unserer Eingebung beruhend

reagieren, lassen uns erkennen, dass negative oder unabgeschlossene Erfahrungen dahinter stehen könnten. Es handelt sich dabei um vergangene Situationen, in denen wir die Gefühle nicht zulassen und regulieren konnten, weil wir dazu Hilfe oder Nähe gebraucht hätten. Die Situationen bleiben unabgeschlossen und wir bewahren sie zusammen mit den nicht zugelassenen Gefühlen auf. Den Ort dieser Aufbewahrung nennt Vivian Dittmar den «emotionalen Rucksack» (Dittmar, 2018). Er schützt uns in Situationen, in denen wir mit unseren Gefühlen überfordert sind und keine oder zu wenig Unterstützung erhalten. Dieser Rucksack variiert je nach der Menge unverarbeiteter Situationen in seiner Grösse.

Unverarbeitete Gefühle tauchen in einer völlig harmlosen Situation unerwartet wieder auf, beispielsweise bekommen wir ohne ersichtlichen Grund Angst und reagieren aus dieser Angst heraus mit einem Angriff auf unser Gegenüber. Sobald sie eine Möglichkeit erhalten, treten sie an die Oberfläche, um gefühlt und damit verarbeitet und abgeschlossen zu werden. Bereits eine Bemerkung, welche eine Erinnerung weckt, reicht für das Freisetzen eines Gefühlsausbruchs aus.

Unangemessene Reaktionen zu erkennen ist bereits der erste Schritt auf dem Weg, anders mit den unverarbeiteten Gefühlen umgehen zu können. Ein positiver Gedanke, eine bewusste, ruhige Atmung oder das Verändern unserer Körperhaltung unterstützt uns in einem zweiten Schritt, uns nicht von Gefühlen überrollen zu lassen, uns zu beruhigen und unsere Gefühle zu regulieren. Wir lassen uns Zeit, um nicht unkontrolliert oder zwanghaft zu reagieren. Sobald die starken Gefühle abflachen, bekommen wir die Möglichkeit, uns selbst zu beobachten

Umgang mit unverarbeiteten Gefühlen

und zu erkennen, was in uns vor sich geht. Die Beobachtungspause gibt uns Abstand zur Situation und Zeit, uns bewusst für eine Reaktion zu entscheiden. Zudem kommen wir in die Lage, zu fühlen, wie sich unser Verhalten auf uns und auf andere auswirkt. Gelingt es uns, die starken Gefühle schnell wieder zu beruhigen und loszulassen, können sie uns weniger beeinflussen.

Es ist nicht nur wichtig zu erkennen, was wir erlebt haben und was uns prägt, sondern auch wie die Erfahrung in uns weiterlebt und wie weit wir diese Ereignisse verarbeitet haben. Unsere Wahrnehmung bestimmt in ähnlichen Situationen unser Denken über uns und unsere Mitmenschen. Wir reagieren nicht bloss auf die aktuelle Situation, sondern auf eine schmerzhafte Erfahrung aus der Vergangenheit.

Ich erläutere diesen Zusammenhang anhand eines Beispiels aus meiner Kindheit. Als kleines Mädchen entfernte ich mich im Wald beim Picknickplatz von meiner Familie und fand den Rückweg nicht mehr, was bei mir Angst auslöste. Glücklicherweise wurde ich in meiner Not von meinen Eltern gefunden, jedoch erhielt ich nicht den benötigten Trost, sondern Schimpfworte. Die Gefühle der Verlassenheit und Angst verknüpften sich dadurch mit meinem Gedanken, dass ich dafür verantwortlich sei, Angst zu haben, weil ich etwas falsch gemacht habe. Sobald ich später in einer Situation Angst verspürte, fühlte ich mich schuldig.

Die Verarbeitung von solchen Erlebnissen ist also wichtig und gehört zum Weg zu innerer Sicherheit.

> „Es kommt nicht darauf an, was einem Menschen widerfahren ist, sondern darauf, wie die Person die Ereignisse verarbeitet hat. Eine unterstützende Verbindung zu einem

anderen Menschen kann dabei helfen, schwierige Erfahrungen im Elternhaus besser zu verstehen."
(Siegel & Hartzell, 2014, S. 173)

Alles, was nicht verarbeitet worden ist, wird im Umgang mit unserem Partner und unseren Kindern wieder aktiviert und beeinflusst unsere Wahrnehmung. Als sich unsere jüngste Tochter in den Ferien einmal von uns entfernte und den Weg zurück nicht fand, blockierten mich meine Schuldgefühle. Ich fühlte mich wie gelähmt. Glücklicherweise konnte ich sie bald wieder heil in meine Arme schliessen, was uns sicher beiden geholfen und gut getan hat.

> „Was alle Aktivierungszustände gemein haben, ist, dass wir von etwas in Beschlag genommen werden, das unsere Handlungsfähigkeit, unsere Selbststeuerung, unsere emotionale Schwingungsfähigkeit und unser rationales Reflexionsvermögen massiv beeinträchtigt."
> (Dittmar, 2018, S. 41)

Negative, unverarbeitete Erfahrungen nehmen uns die Flexibilität und die Wahl, in Beziehungen so zu handeln, wie wir es uns wünschen. Möglicherweise rufen sie bei uns Angst oder Wut hervor. Diese starken, der Situation unangemessenen Gefühle lösen bei uns einen Schutzmechanismus aus, welcher uns unterstützt, diese Gefühle schnell zu verdrängen. Wir können handeln, ohne nachdenken zu müssen. Bei einer wirklichen Bedrohung ist dies ein hilfreicher Mechanismus, nicht jedoch in alltäglichen Situationen. Die innere Unruhe,

Selbstregulation

Gedanken und Gefühle hindern uns daran, Impulse zu unterdrücken und Erregungszustände zu regulieren und somit bewusst und überlegt zu handeln. Wir brauchen unsere Selbstregulation, die Fähigkeit der Selbstwahrnehmung und Selbststeuerung. Sie verhilft uns dazu, unseren erregten Zustand zu beenden oder zu verändern, um uns nicht von ihm überwältigen zu lassen. Gelingt es uns, uns zu beherrschen, die aufkommende Erregung zu erkennen, zu beeinflussen und wieder loszulassen, handeln wir selbstwirksam[9] und selbstbestimmt.

Die Aufarbeitung schmerzhafter Gefühle kann sehr schwierig sein. Wir wagen es, den emotionalen Rucksack zu öffnen und die schmerzhaften Erlebnisse zu erkennen, zu fühlen und in Worte zu fassen. Das braucht Zeit und Geduld und ist für jeden Menschen anders.

Negative Erfahrungen aufarbeiten

Verarbeitung und Heilung erfolgt durch unser Fühlen, das Wahrnehmen und Zulassen der schmerzhaften Gefühle und braucht unsere Bereitschaft. Das erfordert Mut. Wir verharren jedoch nicht in diesen negativen Gefühlen, sondern lassen sie anschliessend los. Wir sind ihnen nicht mehr hilflos ausgeliefert, wenn wir sie bewusst regulieren. Aus unserer Sicht als Erwachsene deuten und verstehen wir sie neu. Wir können das verletzte Kind aus dieser Perspektive trösten und bewusst eine Körperhaltung einnehmen, in der wir uns beide sicher fühlen. Es reicht jedoch nicht aus, eine Erfahrung nur mit dem Verstand zu betrachten und zu verstehen. Dies führt nicht automatisch zu einer Heilung.

Auch unser Körper speichert die schmerzhaften Erlebnisse und Gefühle. Er kommuniziert mit uns mit Signalen und Symptomen, welche wir

---

[9] Siehe Kapitel 3.2

wahrnehmen und beachten. Die Symptome geben uns Hinweise auf unbewusste Verletzungen. Mich begleitete bei meiner Aufarbeitung ein Osteopath. Auch Massagen haben mir und meinem Körper gut getan und mich bei der Heilung unterstützt.

Wir übernehmen selbst die Verantwortung für die Verarbeitung und für unser Leben, ohne nach Schuldigen für unsere Probleme zu suchen. Genau wie wir versuchen unser Bestes zu geben, haben unsere Eltern getan, was ihnen möglich war, mit dem Erfahrungshintergrund, der sie bei ihren Handlungen beeinflusst hat.

> „Wenn wir Unerledigtes oder Ungelöstes mit uns herumtragen, ist es unbedingt erforderlich, dass wir uns Zeit nehmen, innezuhalten und unseren emotionalen Reaktionen gegenüber unseren Kindern nachzuspüren."
> (Siegel & Hartzell, 2014, S. 28)

Wir spüren unbewusste Erinnerungen auf, setzen uns mit ihnen auseinander und geben ihnen einen Raum, in welchem wir sie zulassen und annehmen können. Wir hinterfragen etwa das, was das Mädchen[10], welches beim Picknick die Eltern verlor, gedacht hatte: Ist es wirklich wahr, dass sie schuldig war an ihrer Angst, oder hatten die Eltern selber Angst und reagierten aus dem Schock und der Erleichterung heraus unwirsch? Welches Bedürfnis hatte das Mädchen in dieser Situation? Wie würde ich es trösten?

---

[10] Siehe beim vorangehenden Beispiel beim Umgang mit unverarbeiteten Gefühlen

Gegenseitig unterstützen wir das Zulassen dieser Erinnerungen, indem wir mit uns selbst und mit unserem Partner liebevoll umgehen und mitfühlen, dabei vollkommen präsent sind, ohne zu urteilen, zu bewerten oder Ratschläge zu geben. Es ist ein grosses Geschenk, einen Menschen zu haben, der uns helfen kann, zur Ruhe zu kommen, uns selbst zu regulieren, damit die Gefühle sich entladen. Diese Selbstregulation wird durch das Gefühl ermöglicht, dass wir so sein können, wie wir sind. Vivian Dittmar beschreibt diese bewusste Entladung, welche von einem Partner unterstützt wird, folgendermassen:

> *Mich angenommen fühlen, wie ich bin*

„Bewusste Entladung in dieser Form wird meistens von zwei Menschen praktiziert, wobei einer die Aufgabe hat, Anteilnahme zu schenken, und der andere Gelegenheit bekommt zu fühlen."
(Dittmar, 2018, S. 149)

Sind wir mit uns im Reinen, dann verspüren wir innere Sicherheit und fallen nicht in alte Verhaltensmuster zurück. Jedes Mal, wenn es uns gelingt, bewusst und flexibel zu reagieren und uns nicht von Gefühlen mitreissen zu lassen, verbessern wir die Fähigkeit zur Selbstregulation, wir werden selbstwirksam und bestimmen selber bewusst, wie wir reagieren wollen. Die innere Sicherheit der Eltern ist eine wesentliche Voraussetzung für einen sicheren Bindungsstil[11].

> *Bewusst und flexibel reagieren*

---

[11] Siehe Kapitel 3.1

Für mich persönlich wäre es hilfreich gewesen, mich vor der Geburt unserer Kinder mit mir selbst und meinen Mustern zu befassen. Diesen Prozess später zu durchleben hat viel Aufmerksamkeit und Energie von mir gefordert, welche ich lieber in die Beziehung zu meinen Kindern investiert hätte.

Für eine aktive Auseinandersetzung mit uns selbst und mit den Gedanken, die wir über uns haben, unseren Glaubenssätzen, eignet sich das Buch von Stefanie Stahl (Stahl, 2015). Ziel dieser Auseinandersetzung ist es, in drei Schritten zu einem starken Ich zu gelangen. Um all diese Schritte auszuführen, unterstützt uns das gleichnamige Arbeitsbuch.

In drei Schritten zu einem starken Ich

In einem ersten Schritt erfolgt das Kennenlernen des eigenen Schattenkindes. Gemeint sind unsere negativen, vielleicht unbewussten Erfahrungen. Dabei machen wir negative Prägungen aus der Kindheit mit Hilfe einiger Übungen ausfindig. Beispielsweise beschreiben wir negative Eigenschaften unserer Eltern anhand einer konkreten Situation, die für uns schwierig war. Die Übungen im zweiten Schritt helfen, das Erwachsenen-Ich zu stärken, damit es dem Schattenkind Halt geben kann. Dies erfolgt, indem wir zum Beispiel wie Eltern wohlwollend und freundlich unserem Schattenkind zureden, es trösten und ihm aufzeigen, dass die negativen Gefühle und Gedanken nicht richtig sind. Zur Entdeckung und Entfaltung des Sonnenkindes, das ist das glückliche Kind in uns, tragen die Übungen im dritten Teil bei. Wir wenden uns den positiven Glaubenssätzen und den positiven Eigenschaften unserer Eltern, aber auch unseren Stärken zu.

Jeder Elternteil schaut seine eigenen Erfahrungen, Werte, Rollen und Muster bewusst an und hinterfragt sie. Beide Partner haben einen unterschiedlichen Erfahrungshintergrund und dadurch auch ganz verschiedene Werte, die ihnen wichtig sind. Sie sind gefordert, sich intensiv damit auseinanderzusetzen, den Weg zu innerer Sicherheit zu beschreiten. Der Austausch über die eigenen Werte verhilft zu gegenseitigem Verständnis, welches nicht nur die Grundlage für die Beziehung bildet, sondern auch für das Festlegen gemeinsamer Werte. So formulieren wir beispielsweise einen gemeinsamen Wert, dass wir alle Menschen als gleichwertig betrachten. Wir üben keine Macht über andere Menschen aus und urteilen nicht über andere. Dieser Wert bildet für mich persönlich eine Grundlage für einen respektvollen Umgang mit allen Menschen.

Festlegen gemeinsamer Werte

Im herausfordernden Alltag mit Kindern bleibt keine Zeit, um dauernd Grundsatzdiskussionen zu führen. Eltern müssen in die gleiche Richtung ziehen und sich gegenseitig unterstützen. Legen beispielsweise beide Partner grossen Wert auf einen respektvollen Umgang, dann fallen wir unserem Partner nicht in den Rücken und wir erteilen weder unseren Kindern noch unserem Partner Befehle oder belehren andere.

„Während der Entwicklung des Kindes ist sein Gehirn wie ein Spiegel des Gehirns der Eltern. Mit anderen Worten, die Entwicklung und das Wachstum der Eltern – oder deren Ausbleiben – hat eine Wirkung auf das Gehirn des Kindes. Wenn die Eltern aufmerksamer und emotional gesünder

werden, profitieren ihre Kinder davon und bewegen sich ebenfalls in Richtung Gesundheit und Wohlbefinden."
(Siegel & Payne Bryson, 2017, S. 13)

Eltern wirken für ihre Kinder lange Zeit als Vorbilder. Kinder ahmen ihre Eltern nach, im Positiven als auch im Negativen. Sie hinterfragen ihre Vorbilder noch nicht kritisch und eigenverantwortlich. Werte, die wir gemeinsam festlegen und unseren Kindern weitergeben möchten, leben wir ihnen vor und nutzen die Chance auf deren Nachahmung. Das Vorleben, das Tun und das positive Gefühl dabei sind bei der Erziehung wichtiger als jedes Wort.

Eltern als Vorbild

Gibt ein Elternteil bei der Findung gemeinsamer Werte einfach nach und stellt seine Bedürfnisse zurück, erschwert ihm dies, die festgelegten Werte zu leben und intuitiv danach zu handeln.

Wir können nicht perfekt sein und sollen nicht als unerreichbare Vorbilder wirken. Jedoch ist es wichtig, dass wir uns entwickeln und wissen, in welche Richtung diese Entwicklung gehen soll.

> „Wie sich Eltern und andere wichtige Bezugspersonen im Leben eines Kindes selbst beherrschen oder eben nicht beherrschen – wie sie mit Stress, Frustrationen und Emotionen umgehen, die Massstäbe, die sie an ihre eigenen Leistungen anlegen, ihre Empathie[12] und ihre Sensibilität für die Gefühle anderer Menschen, ihre Einstellungen, Ziele und Werte, ihre

---

[12] Einfühlungsvermögen

Strategien für Disziplin, ihre mangelnde Selbstdisziplin –, all das hat einen grossen Einfluss auf das Kind. Eltern leben Kindern ein immenses Repertoire an möglichen Reaktionen auf endlose Herausforderungen vor, aus dem Kinder das auswählen und sich aneignen, was im Lauf ihrer eigenen Entwicklung besonders gut zu ihnen passt und sich für sie selbst bewährt."
(Mischel, 2015, S. 338)

Bei der Geburt des ersten Kindes wird aus einer Zweierbeziehung eine Dreierbeziehung, und das ist nicht einfach. Regelmässig nehmen wir uns bewusst Zeit für die Pflege der Paarbeziehung und achten auf gegenseitiges Wohlbefinden. Wir unterstützen unseren Partner, wenn er sich schlecht fühlt, und wissen, dass wir Unterstützung bekommen, wenn wir sie brauchen. Durch unser Mitgefühl und unsere gegenseitige Unterstützung vermeiden wir, dass unser Partner sich unsicher fühlt und aus dieser Unsicherheit heraus reagiert.

Gegenseitige Unterstützung

Über einen beschränkten Zeitraum nimmt die gemeinsame Aufgabe der Erziehung der Kinder einen enorm grossen Stellenwert ein. Viele Gespräche drehen sich um Situationen mit den Kindern und um deren Betreuung. Je älter die Kinder werden, desto mehr Raum nimmt die Paarbeziehung wieder ein. Nach einigen Jahren, wenn die Kinder ausziehen und ihre eigenen Wege gehen, ist die Gestaltung unseres gemeinsamen Weges als Paar wieder frei wählbar.

Die Aufgabenverteilung im Familienalltag klären und besprechen wir miteinander. Dabei gilt es die Vereinbarkeit von Familienleben und Beruf und Möglichkeiten einer Teilzeitarbeit vorgängig zu prüfen. Jedes Paar sucht nach einem individuellen Modell, welches für beide gut passt und realistisch umsetzbar ist, ohne sich dabei von Aussenstehenden beeinflussen zu lassen. Es ist ein Prozess, auf den wir uns gemeinsam einlassen, am besten ohne starre Vorstellungen und Erwartungen. Wir besprechen Möglichkeiten und finden gemeinsam Kompromisse und Lösungen.

Individuelles Modell für Aufgabenverteilung

Bevor wir mit Kindern zusammenleben, stellen wir uns diese Organisation vielleicht gar nicht so schwierig vor. Das Meistern des Alltags mit Kindern bei Berufstätigkeit bedingt jedoch gegenseitiges Wohlwollen, eine offene Kommunikation, Übernahme von Verantwortung, regelmässigen Austausch, gute Organisation, Mitdenken, viele klare und genaue Regelungen zwischen den Partnern, einen gemeinsamen Terminkalender und von beiden die Bereitschaft, flexibel den Tagesplan zu verändern.

Je nach Phase, Alter und Geschlecht der Kinder werden Eltern zudem unterschiedlich stark gefordert. Ein Plan B, beispielsweise Grosseltern, die im Notfall einspringen könnten, entlastet bei unvorhersehbaren Situationen.

Das Paar überprüft und bespricht das gewählte Modell regelmässig, um frühzeitig zu erkennen, falls sich ein Partner nicht mehr als gleichberechtigt oder gleichwertig wahrnimmt oder das Gefühl hat, mehr zu geben als zu empfangen, oder überfordert ist. Die

Gefühl der Gleichwertigkeit

Belastung im Beruf ist beispielsweise unterschiedlich gross. Oder, wenn ein Elternteil die Arbeitsstelle aufgibt, kann dies mit der Zeit Unzufriedenheit oder negative Gefühle hervorrufen.

Aus eigener Erfahrung weiss ich, dass es sehr anstrengend sein kann, die Berufstätigkeit beider Elternteile zu vereinbaren. Für uns war es damals eine Erleichterung, dass ich für eine bestimmte Zeit als Mutter und Hausfrau die Aufgaben zu Hause übernahm. Unsere Gesellschaft befindet sich allerdings im Wandel: Zunehmend werden familienfreundliche Arbeitsplätze geschaffen, die Teilzeitarbeit und Home-Office ermöglichen. Dies schafft bessere Voraussetzungen, um die Betreuung der Kinder und die Hausarbeit nach eigenen Vorstellungen zu gestalten und sich gleichwertig zu fühlen.

Denkanstösse:

- *Worauf achten wir, damit wir unseren Kindern einen einfühlsamen und respektvollen Umgang vorleben?*
- *Wie gehen wir vor, um bei Problemen oder Uneinigkeiten gemeinsam konstruktive Lösungen zu finden?*
- *Wie teilen wir die Aufgaben in der Familie auf?*
- *Fühlen sich bei der Aufteilung der Aufgaben beide Partner gleichwertig und gleichberechtigt? Haben beide das Gefühl zu geben und zu empfangen? Wie reagieren wir, wenn es nicht so ist?*

2 Zu sich selber Sorge tragen

2.1 Herausforderungen mit Gelassenheit und Stärke meistern

Es bereitet sehr viel Freude, einen Raum für Sicherheit und Geborgenheit zu schaffen und die Entwicklung und Entfaltung der Kinder zu erleben. Dieses Zusammenleben erfordert aber auch viel Kraft, Mut, Hoffnung, Offenheit und Geduld – auch mit sich selbst. Die Belastung steigt zusätzlich, wenn uns Zeit fehlt für Erholungspausen, zum Schlafen, Abschalten, Überdenken schwieriger Situationen und zum Auftanken, oder uns gar eine Krankheit zu schaffen macht.

Die anspruchsvolle Aufgabe der Erziehung bereichert uns, indem sie uns herausfordert und uns viele Möglichkeiten bietet. Wir lernen uns selbst besser kennen und entwickeln uns weiter. Beispielsweise erfahren wir das Verschenken bedingungsloser Liebe. Um Erziehung als Bereicherung erleben zu können, sorgen wir gut für uns. Nicht nur die Entwicklung der Kinder ist wichtig, sondern auch unsere eigene. Lassen wir uns offen auf die Erziehungsaufgabe ein, setzen wir uns laufend mit uns selbst, unseren Haltungen und Werten auseinander. Dadurch verändern und entwickeln wir uns gleichzeitig mit unseren Kindern.

> *Erziehung als Bereicherung erleben*

Wir Eltern sind für lange Zeit die grössten Vorbilder unserer Kinder. Wir leben ihnen einen sorgsamen Umgang mit uns selbst und mit anderen vor. Oft erzeugen wir allerdings selber unnötigen Stress, weil wir das Gefühl haben, dass alles perfekt sein sollte. Wir

> *Sorgsamen Umgang vorleben*

nehmen uns zu viel vor und lassen keinen Spielraum für Unvorhergesehenes. Beispielsweise erwarten wir von uns, dass die Wohnung jederzeit aufgeräumt und geputzt sein soll.

Ein realistischer Wochenplan, der noch Freiraum enthält, unterstützt uns möglicherweise, um Stress zu vermeiden. Gerade mit kleinen Kindern werden wir bei Arbeiten, die wir zu Hause erledigen, oft unterbrochen. Ich habe darum gelernt, dass nicht alles perfekt sein muss. Spielzeug bleibt zum Beispiel im Wohnraum liegen, wenn sich das Kind noch mitten im Spiel befindet. Wir sind offen, um gemeinsam mit den Kindern Kompromisse zu suchen: „Wie kannst du es einrichten, dass wir wieder an deiner Stadt aus Bauklötzen **vorbeilaufen können?**"

Wichtig ist, dass wir uns bewusst und regelmässig für uns selbst Zeit nehmen, etwas tun, das uns Freude macht, mit dem wir uns nicht zusätzlich belasten. Wir gehen respektvoll mit uns um, sorgen gut und liebevoll für uns. Dadurch kehren wir gestärkt, voller Energie und Freude ins Familienleben zurück.

Sich Zeit nehmen, um echt sein zu können

So gelingt es, mit unseren Kindern Zeit zu verbringen und nicht nur anwesend zu sein. Wir sind tatsächlich da für unsere Kinder und unsere Kinder nehmen uns wahr, wie wir sind. Wir spielen ihnen keine Rolle vor und reagieren aus eigener Stärke. Es ist für uns gesünder, wenn wir echt sind und intuitiv handeln, aus innerer Stärke und Ruhe. Damit leben wir unseren Kindern vor, dass es gut ist, so zu sein, wie man ist. Wir zeigen Gefühle, begleiten unsere Kinder mit Freude und erkennen alle ihre kleinen Errungenschaften – es sind unglaublich viele! Wir freuen uns mit ihnen und würdigen ihre Erfolge.

Geht es uns nicht gut, fühlen wir uns niedergeschlagen oder überfordert, dann können wir uns nicht über unsere Kinder freuen. Wir kümmern uns zuerst einmal um uns selber, nehmen unsere Bedürfnisse ernst. Wir schenken uns Zeit und ziehen uns zurück, genau wie bei körperlichen Symptomen. Schaffen wir es nicht aus eigener Kraft, uns wieder gut zu fühlen, dann ist es wichtig, dass wir uns eingestehen, dass wir Hilfe brauchen. Wir versuchen uns Hilfe zu holen und nehmen die angebotene Hilfe an. Die freie Zeit nutzen wir, um die Abwärtsspirale zu stoppen. Bewusst lassen wir die negativen Gedanken vorbeiziehen, wenden uns positiven Gedanken und Gefühlen zu und bauen so negative Gefühle ab.

> *Sich Zeit nehmen, wenn es uns nicht gut geht*

Beispielsweise unterstützen uns unsere Lieblingsmusik, Bewegung in der Natur, Bilder mit schönen Erinnerungen oder Dinge, für die wir dankbar sind. Bereits das Aufrichten des Körpers, das Verändern der Körperhaltung, öffnet uns für andere Gefühle. Wir lenken den Blick auf das Gute und auf das, was uns gelingt. Wir vergleichen uns nicht mit anderen, um uns dadurch mangelhaft zu fühlen. Eine positive Grundhaltung steigert unsere Resilienz[13].

> „Resilienz ist eine innere Ressource, die mit der Zeit wächst und gedeiht. Positive Gefühle wirken wie Dünger."
> (Fredrickson, 2011, S. 139)

---

[13] Seelische Widerstandskraft

Eltern dürfen Fehler machen. Wir geben unser Bestes, das, was uns in unserer Lebenslage möglich ist. Fehler gehören zu Lernprozessen und zu Entwicklungen. Es ist bereits ein erster grosser Schritt, wenn wir erkennen, dass wir nicht richtig reagiert haben.

Fehler gehören zum Lernprozess

Unsere Fehler betrachten wir mit Nachsicht, Geduld und Humor und gehen konstruktiv mit ihnen um. Wir stehen zu ihnen und entschuldigen uns dafür bei unseren Kindern, auch wenn uns das nicht leicht fällt. So lernen wir und entwickeln uns weiter. Wir bauen zu uns selbst einen liebevollen, wohlwollenden Kontakt auf und betrachten unsere eigenen Gefühle mit Mitgefühl. Bewusst nehmen wir unsere Schwächen wahr und nehmen sie an, freuen uns jedoch an unserer Einzigartigkeit und an unseren Stärken.

Unterlaufen uns Fehler, dann nutzen wir sie, um aus den Erfahrungen zu lernen. Wir werten uns weder ab noch verurteilen wir uns. Für alle Beteiligten ist es besser, wenn wir unsere Kräfte dazu einsetzen, die Verbindung zu unseren Kindern aufrechtzuerhalten, statt bei den unterlaufenen Fehlern zu verweilen. Negative Gefühle uns gegenüber lassen uns erkennen, dass unsere Gedanken über uns verurteilend sind. Einfühlsam betrachten wir die Handlung, die wir bedauern, und das Bedürfnis, welches wir erfüllen wollten. Vielleicht bemühten wir uns beispielsweise um eine friedliche Stimmung und haben darum gar nicht reagiert, obwohl wir uns unwohl fühlten.

Wir vergeben uns selbst und wenden uns wieder dem Lernprozess und dem Gelingen zu. Uns und unsere eigenen Bedürfnisse lernen wir immer besser kennen, was uns bei unserer Entwicklung unterstützt.

> „Wenn wir innerlich gewalttätig mit uns selbst umgehen, dann ist es schwierig, auf andere von Herzen empathisch zu reagieren."
>
> (Rosenberg, 2016, S. 125)

Auf eigene Bedürfnisse achten

Unsere Bedürfnisse leiten uns auf unserem Weg. Wie viele Dinge tun wir, obwohl sie nicht unserem Bedürfnis entsprechen, zum Beispiel aus Verpflichtung, weil wir das Gefühl haben, sie tun zu müssen. Vielleicht ein Besuch, der uns anspannt und belastet? Werden Bedürfnisse über lange Zeit unterdrückt, fällt es uns schwer, unser eigenes Bedürfnis zu erkennen. Negative Gefühle geben uns einen Hinweis auf ein unerfülltes Bedürfnis. Dieses Bedürfnis gilt es zu beachten, es sowohl wahr– als auch berechtigt zu nehmen und dadurch zu würdigen. Eine gute Selbstwahrnehmung ist erforderlich, um zu erkennen, was sich richtig anfühlt und wie wir uns gut entscheiden können. Auch der Körper gibt uns dazu Signale, die uns helfen, ihn gesund zu halten. Es ist wichtig, ihnen Beachtung zu schenken, beispielsweise einem flauen Gefühl im Bauch, welches uns anzeigt, dass wir uns in dieser Situation nicht wohl fühlen. Dieses Gefühl dient uns dabei, intuitiv zu reagieren und uns vielleicht aus dieser unangenehmen Situation zurückzuziehen.

Wir nehmen unsere Bedürfnisse und Gefühle bewusst wahr. Dabei kann uns eine Erinnerungshilfe im Alltag unterstützen. Am einfachsten ist es, wenn wir eine Alltagsaktivität nutzen, bei der wir regelmässig in uns und unseren Körper hinein horchen und wahrnehmen, wie wir uns gerade fühlen und was wir uns wünschen. Dies kann beispielsweise immer dann erfolgen, wenn wir etwas trinken oder unsere Hände waschen.

„Eine für mich persönlich bahnbrechende Erkenntnis war die, dass Bedürfnisse vor allem gewürdigt werden wollen. Das ist noch wichtiger, als dass sie erfüllt werden. Jeder von uns hat, zumindest, wenn wir nicht aktiviert sind, die Reife und das Einsichtsvermögen zu erkennen, dass wir nicht immer bekommen können, was wir wollen. Das lernen wir schliesslich schon im Kindergarten. Wenn Bedürfnisse jedoch weder gehört noch gewürdigt, geschweige denn erfüllt werden, dann ist das für die meisten Menschen mit Emotionspäckchen verknüpft. Schliesslich haben viele genau das in der Kindheit erlebt: Ihre Bedürfnisse wurden von den Erwachsenen entweder übergangen, bekämpft oder erfüllt – jedoch so gut wie nie einfach gewürdigt."
(Dittmar, 2018, S. 242)

Immer deutlicher erkennen wir, was uns wichtig ist, welche Richtung wir anstreben. Das Beachten der inneren Bedürfnisse fördert unsere innere Ruhe, das Verständnis für uns und für andere und vermindert negative Gefühle. Wir lassen uns nicht sofort verunsichern, sobald wir das Gefühl haben, falsch reagiert zu haben. Mit Gelassenheit können wir Korrekturen vornehmen und mit Mut neue Wege ausprobieren, ohne dabei die Richtung zu verlieren. In kleinen, sogar winzigen Schritten gehen wir vorwärts und freuen uns immer, wenn uns gelungen ist, was wir uns vorgenommen haben. Wir gehen liebevoll und wohlwollend mit uns selbst um und sind so unseren Kindern im Umgang mit Schwierigkeiten und mit sich selbst ein Vorbild.

Denkanstösse:

- *Wie achten wir auf unsere Bedürfnisse, unsere Gesundheit und unser Wohlergehen?*
- *Akzeptieren und zeigen wir uns so, wie wir sind?*
- *Achten wir darauf, was uns gut gelingt, was wir gut können und freuen wir uns darüber?*
- *Wann nehmen wir uns Zeit für uns allein, Zeit zum Nachdenken?*
- *Welche Tätigkeiten, die uns Freude bereiten und in denen wir Energie tanken können, pflegen wir?*
- *Mit welchen Signalen reagiert unser Körper? In welchen Situationen? Wie reagieren wir darauf?*
- *Wie stehen wir zu Fehlern, die wir machen? Gehen wir nachsichtig, liebevoll, wohlwollend und geduldig mit uns um? Betrachten wir Fehler als Chance zum Lernen?*

2.2 Neue Gewohnheiten schaffen

Erkennen wir ein Verhaltensmuster, das sich bei uns festgesetzt hat, welches wir verändern wollen, lassen wir uns genug Zeit, um ein gewünschtes neues Verhalten zu üben. Veränderungen im Verhalten sind durch viel Übung und Wiederholung möglich, bis sie zu neuen Gewohnheiten werden und wir nicht mehr bewusst zu entscheiden brauchen. Dabei geben wir eine alte Gewohnheit auf oder verändern sie oder üben eine neue ein. Wir brauchen viel Zeit, um eine neue Gewohnheit zu verankern, denn wir schaffen eine neue automatisierte Denk- oder Verhaltensweise.

Verhalten verändern

Zur Erinnerung an eine gewünschte neue Gewohnheit nutze ich beispielsweise eine Flasche mit Wasser auf meinem Arbeitstisch. Ich fülle die Flasche und stelle mir möglichst genau vor, wie es sein wird, wenn ich die neue Gewohnheit verankert habe. Verteilt über den Tag trinke ich bewusst daraus und erinnere mich dabei an meine neue Gewohnheit und das schöne Gefühl dazu.

Um eine gute, neue Gewohnheit zu festigen, muss sie zu unseren Werten und Bedürfnissen passen. Es geht nicht darum, uns selbst zu verändern – wir sind genau richtig, so wie wir sind – die Veränderung betrifft nur unser Verhalten. Sie beginnt mit dem Verständnis für unser Verhalten, welches vielleicht nicht unserem Bedürfnis entspricht. Bewusst treffen wir eine Entscheidung für ein neues Verhalten. Das Erleben und Fühlen der neuen Erfahrung mit möglichst vielen Sinnen bringt das neue Verhalten als zweiten Schritt auch in unseren Körper, damit wir es wirklich begreifen können.

Ich erläutere dies anhand eines Beispiels: Ich liebe das Zusammensein und Reden mit anderen Menschen. Die Erzählungen meiner Gesprächspartner regen meine eigenen Erinnerungen an. Diese Erinnerungen drängen sich dann in den Vordergrund und ich teile sie direkt mit. Dieses Verhalten ärgert mich im Nachhinein, weil ich damit den Erzählfluss meines Gegenübers unterbreche. Um eine neue Gewohnheit zu schaffen, stoppe ich also meinen Impuls, mich auch gleich zu äussern. Dabei unterstützt mich eine Körperhaltung, die ich bewusst einnehme und die mich an mein Vorhaben während des Gesprächs erinnert. Jedes Mal, wenn es mir gelingt, freue ich mich riesig und bin dankbar, dass es mir gelungen ist, mich ganz der Erzählung zu widmen und mich voll auf die Sichtweise meines Gegenübers zu konzentrieren. Diese Freude und Dankbarkeit verstärke ich ganz bewusst, um die Erfahrung tiefer in mir zu verankern und damit lebendiger zu halten, denn sie wird mich bei der nächsten Gesprächsrunde unterstützen.

Es gibt verschiedene Methoden, die uns dabei begleiten, uns selbst besser zu verstehen und alte Muster und Glaubenssätze durch neue zu ersetzen. In den folgenden Abschnitten stelle ich verschiedene Methoden kurz vor. Jeder sucht für sich selber nach einer Methode, die passt. Ich beschreibe die Positive Psychologie und dazu das lösungsorientierte Selbstcoaching, Mindsight, das Zürcher Ressourcen Modell und die Gewaltfreie Kommunikation.

Teresa Keller beschreibt auf der Grundlage der Positiven Psychologie, wie wir die Beziehung zu uns selbst und dadurch auch zu anderen verbessern können (Keller, 2016). Die Positive Psychologie gibt hilfreiche Anstösse, wie wir unser Denken und unseren Blickwinkel verändern können. Es geht nicht darum, dass wir nur positive Gedanken zulassen, sondern dass wir den Blick darauf richten, was gelingt, was wir gut können, und uns daran erfreuen und dafür dankbar sind. Durch dieses neue Denkmuster verändern sich unsere Lebenseinstellung und unser Lebensgefühl nachhaltig. Die Bücher des Gründers der Positiven Psychologie, Martin Seligman, wie auch das Buch von Barbara Fredrickson zeigen auf, wie wir unser Denken verändern können.

> *Positive Psychologie*

Eine Methode, um den Blick auf das Gute zu richten, ist das Führen eines Dankbarkeitstagebuches. Das ist ein Tagebuch, in dem wir die Dinge aufschreiben, für die wir dankbar sind, die gut gelaufen sind und warum sie uns gelungen sind. Es ist nicht ein herkömmliches Tagebuch, welchem wir all unsere Sorgen anvertrauen. Wer nicht gern frei schreibt oder sich dies nicht gewohnt ist, findet im Tagebuch von Dominik Spenst eine hilfreiche Struktur, um kurz, aber regelmässig und über eine längere Zeit die Denkmuster der Positiven Psychologie einzuüben und zu festigen (Spenst, 2020). Wir halten in diesem sorgfältig gestalteten Tagebuch jeden Tag fest, wofür wir dankbar sind, und richten den Fokus bewusst auf das Wertvolle in unserem Leben, auf das Gelingen und auf das Feiern der kleinen Erfolge.

Auf den Grundlagen der Positiven Psychologie bauen die lösungsorientierten Selbstcoachings auf. In vier Schritten beschreibt Sabine Prohaska

Lösungsorientiertes Selbstcoaching

den Weg über die Brücke, um schrittweise das alte Ufer zu verlassen und ein neues Ufer zu erreichen (Prohaska, 2016). Sie bietet viele Übungen zur Auswahl an, um auf dem Weg zu bleiben und ans neue Ufer zu gelangen. Dabei regt sie uns an, uns ein für uns passendes Ziel zu setzen, das wir wirklich auch erreichen wollen.

Noch detaillierter ausgeführt werden die Schritte von Rolf Reinlassöder und Ben Furman (Reinlassöder & Furman, 2013). Sie begleiten uns in zwölf Schritten auf dem Weg und regen uns an, unsere Fähigkeiten und Ressourcen zu nutzen, um uns den Herausforderungen auf dem Weg zu stellen, ohne den Mut zu verlieren. Um ein Verhalten zu verändern und eine neue Gewohnheit zu schaffen, brauchen wir Übung über einen längeren Zeitraum, Ausdauer und Durchhaltewillen.

Auch dazu bietet Dominik Spenst in seinem Erfolgsjournal eine hilfreiche Tagebuchstruktur (Spenst, 2020). Es regt an, uns jeden Tag sechs Minuten Zeit zu nehmen, um eine neue Gewohnheit während einer längeren Zeit zu verankern. Nach der Auseinandersetzung mit unseren Werten leiten wir auf der Basis eines Wertes unsere Ziele ab, die wir erreichen wollen, und legen fest, welche Gewohnheiten uns dabei unterstützen, diesen Wert zu leben und unsere Ziele zu verfolgen, Schritt für Schritt.

> „Wenn wir Werte mit unseren Zielen und Gewohnheiten verknüpfen, dann empfinden wir eine starke Verbundenheit mit jedem Schritt, den wir Richtung Ziel gehen. Der Weg

fällt uns leichter und gibt uns bereits ein erfüllendes Gefühl, während wir noch unterwegs sind."
(Spenst, 2020, S. 66)

Daniel J. Siegels Methode „Mindsight", bei der es um die Wahrnehmung und Gestaltung innerer Abläufe des eigenen Geistes geht, stützt sich auf die Erkenntnisse aus der Hirnforschung (Siegel, 2012). Er zeigt auf, wie wir uns von negativen Gedanken und Handlungsmustern befreien können. Dadurch nehmen wir unser Innenleben und das unserer Mitmenschen klarer wahr. Schwierige Momente im Leben bieten Gelegenheiten, um uns selber besser zu verstehen. Wir nehmen uns Zeit, zur Ruhe zu kommen und unser Innenleben aufmerksam zu erforschen, mit uns selbst zu kommunizieren. Durch diese Selbstbeobachtung lenken wir unsere Aufmerksamkeit auf uns, nehmen Körperempfindungen wahr und verbinden Körper und Geist miteinander. Wir entwickeln Offenheit beim Betrachten der schwierigen Situation. Dies hilft uns, frei zu wählen, welchen Vorstellungen und Gedanken wir uns zuwenden wollen.

> *Mindsight*

Das Zürcher Ressourcen Modell (ZRM) ist eine Selbstmanagement-Methode, die uns ebenfalls unterstützt, den Blick auf unsere Stärken zu richten, gezielt zu handeln, indem wir unsere Stärken einsetzen (Storch, Morgenegg, Storch, & Kuhl, 2016).

> *Zürcher Ressourcen Modell*

Das ZRM-Training beruht auf Grundlagen der Hirnforschung, der Motivationspsychologie und der Persönlichkeits-System-Interaktion-Theorie. Konkrete Beispiele veranschaulichen die Theorien und die aufeinander abgestimmten Schritte. Die Methode führt uns von einem unbewussten zu einem bewussten Bedürfnis, um dann zu einer Absicht zu gelangen, was wir erreichen wollen. Der Prozess führt von der Absicht zu einer neuen Handlung. Dabei wird auch der Körper mit einbezogen. Die Methode ist systematisch aufgebaut und gut strukturiert und dadurch verständlich und nachvollziehbar. Beschrieben ist auch, wie wir ein gutes Ziel finden und wirksam umsetzen können: Wir setzen uns ein Ziel, welches beschreibt, wie das angestrebte Verhalten sein soll, ein Annäherungsziel. Wichtig ist, das Ziel so zu formulieren, dass es in unserer Macht liegt, es zu erreichen, und wir überprüfen können, ob wir es erreicht haben oder einen Schritt vorwärts gekommen sind. Wir können uns für unser Ziel ein Bild aussuchen, welches uns an verschiedenen Orten immer wieder an unseren Vorsatz erinnert. Zudem ist es sehr hilfreich, wenn wir uns genau vorstellen, wie es sich anfühlt, wenn wir unser Ziel erreicht haben, wenn wir genau so reagiert haben, wie wir es uns vorgenommen haben. Jeder erfolgreiche Schritt bringt uns dem Zielverhalten näher, motiviert uns, den eingeschlagenen Weg weiterhin zu verfolgen.

Auf meinem persönlichen Weg und bei der Arbeit mit Schulklassen habe ich mit dieser Methode positive Erfahrungen gemacht. Umlernen braucht jedoch Zeit und Geduld. Ich realisiere inzwischen immer schneller, wenn ich wieder in ein altes Verhaltensmuster gerate, wenn ich beispielsweise den Redefluss meines Gegenübers unterbreche. So gelingt es mir früher, mein Verhalten zu verändern und meinen Beitrag zu stoppen.

Gewaltfreie Kommunikation eröffnet uns einen möglichen Umgang mit Ärger (Rosenberg, 2016). Dieses Vorgehen steht nicht im Widerspruch damit, dass wir unsere Gefühle zeigen und authentisch handeln sollen[14]. Bei all den Methoden geht es nicht darum, Gefühle zu unterdrücken, sondern Gefühle genauer zu ergründen und die Aufmerksamkeit bewusst zu steuern. Bei der Gewaltfreien Kommunikation lenken wir die Aufmerksamkeit weg vom Auslöser auf die Ursache. Wenn ich aus Ärger heraus reagiere, dann bin ich mit meiner Reaktion nachträglich nicht zufrieden und bin dadurch verärgert über meine Reaktion und damit über mich selbst. Rosenberg schlägt vier Schritte im Umgang mit Ärger vor. Ich veranschauliche jeden Schritt an einer eigenen Situation:

Gewaltfreie Kommunikation

1. Schritt: Ich putze nicht gern. Mir ist es wichtig, zügig mit dieser ungeliebten Arbeit voranzukommen, um sie so schnell wie möglich hinter mich zu bringen. Liegen Gegenstände in der Wohnung, die zuerst weggeräumt werden müssen, dann ärgert mich das. Ich würde jeweils gern einen Müllsack zur Hand nehmen und grosszügig alles Störende

---

[14] Wie bei Kapitel 2.1 beschrieben

entsorgen. Der erste Schritt besteht darin, ruhig zu bleiben, nicht zu reagieren, einfach nur zu atmen und das ärgerliche Gefühl abkühlen zu lassen.

2. Schritt: Wir finden nun heraus, welche verurteilenden Gedanken uns wütend machen. In meinem Beispiel: „Meine Familienmitglieder hindern mich daran, meine Arbeit zügig zu erledigen." Vielleicht sogar: „Sie haben das absichtlich liegen gelassen."

3. Schritt: Wir stellen Kontakt zu unseren Bedürfnissen her. Bei mir denke ich, dass es sich um das Bedürfnis nach Rücksichtnahme handelt.

4. Schritt: Erst im vierten Schritt kommen wir in die Handlung, indem wir unsere Gefühle und unerfüllten Bedürfnisse aussprechen. Wir konnten uns im Gespräch darauf einigen, dass ich meine „Putzaktion" ankündige, damit alle ihre Gegenstände rechtzeitig in Sicherheit bringen können.

Bewusst nehmen wir uns Zeit und gehen Schritt für Schritt vor. Es braucht Geduld, bis das Vorgehen automatisiert ist. Ein Freund von Marshall B. Rosenberg hat die Schritte auf einen „Spickzettel" geschrieben, den er mit sich herumgetragen hat.

Als Übung können wir negative Urteile, die uns am häufigsten durch den Kopf gehen, aufschreiben. Anschliessend fragen wir uns: „Wenn ich dieses Urteil fälle, was brauche ich dann? Was bekomme ich nicht?" So wird das Denken weg von Urteilen über Menschen hin zu unerfüllten Bedürfnissen gelenkt. Oft interpretieren wir die Gedanken anderer Menschen auf Grund unserer eigenen Erfahrungen und fühlen uns persönlich angegriffen. Ich kann also bereits bei Schritt zwei meine eigenen Gedanken verändern.

Grundlegend ist, dass wir unser Verhalten und unsere Gedanken immer wieder überprüfen und uns gut und sicher fühlen. Wir betrachten unser Verhalten wohlwollend und gehen liebevoll mit uns selbst um, im Wissen, dass wir unser Bestes geben. Aus dieser Sicherheit heraus können wir uns intuitiv verhalten und reagieren authentisch und nicht reflexartig oder zwanghaft. Dies ist die Basis, welche uns hilft, den Familienalltag zu meistern und unbelastete Beziehungen zu geniessen. Wollen wir Verhaltensänderungen anstreben, konzentrieren wir uns nur auf ein Ziel. So überfordern wir uns nicht bei diesem Lernprozess und erlangen immer mehr Sicherheit.

Erkennen wir, dass wir überfordert sind und keinen Ausweg in unserer Situation sehen, dann ist es sehr wichtig, dass wir uns dies eingestehen und uns im Umfeld oder professionelle Hilfe holen. Für uns, unseren Partner und unsere Kinder ist dies ein wichtiger Schritt.

Denkanstösse:

- *Welches Ziel verfolgen wir? Entspricht es wirklich unseren eigenen Werten und Bedürfnissen? Haben wir es selbst in der Hand, es zu erreichen, und können wir dies auch überprüfen?*
- *Welche Gewohnheiten unterstützen uns dabei, unser Ziel zu verfolgen?*
- *Welche Methoden helfen uns, bewusst und überlegt zu handeln, wenn wir spontan reagieren müssen und beispielsweise verärgert sind?*

3 Kinder entfalten sich

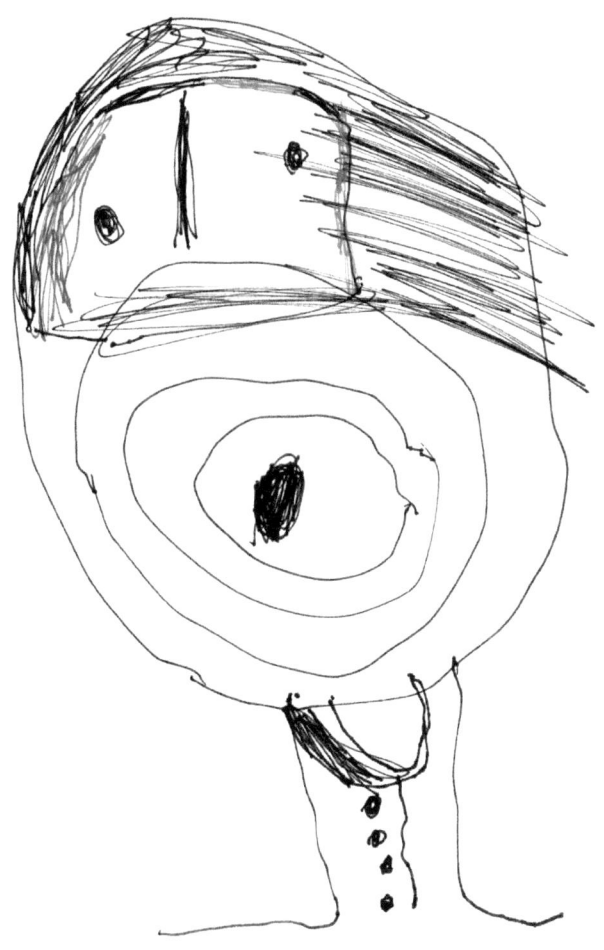

Neugeborene fühlen sich vollkommen sicher und gut, so wie sie sind. In einer liebevollen und sicheren Umgebung bleibt dieses Gefühl erhalten. Jedes Kind ist einzigartig und bringt seine in ihm angelegten Stärken, Schwächen, Interessen und sein eigenes Temperament mit. Jedes Kind verdient es, so angenommen und geliebt zu werden, wie es ist. Es liegt an uns, offen zu sein für dieses einzigartige Wesen, für seine Stärken und Schwächen, es zu lieben und zu verstehen und auf seinem Weg zu begleiten, auf dem es seine Stärken einsetzen und sein Potenzial entfalten kann. Für den Aufbau einer sicheren Bindung zu unseren Kindern ist es hilfreich, dass wir unser eigenes Leben verstehen, mit uns im Reinen sind und uns sicher fühlen. Wir alle haben das Wissen in uns, gute Eltern zu sein, ohne Methoden zu lernen. Um dieses Wissen abrufen zu können, brauchen wir Ruhe und Gelassenheit.

3.1 Sichere Bindung

Eine sichere Bindung, welche im einfühlsamen Umgang mit dem Säugling entsteht, ist ein Schutzfaktor für das ganze Leben. Sie ist ein Grundbedürfnis. Wird dieses Bedürfnis befriedigt, fördert dies die körperliche, gefühlsmässige, geistige und soziale Entwicklung der Kinder.

Bedeutung der Bindung

Kinder, die über eine sichere Bindung zu mindestens einer Bezugsperson verfügen, profitieren in vielen Bereichen. Sie erfahren das Gefühl der Sicherheit, welches entspannend und beruhigend wirkt. Dadurch gelingt es ihnen immer besser, ihre Gefühle und Erregungen zu regulieren und zu reflektieren, sie ertragen Stress und leidvolle Erlebnisse besser, entwickeln mehr Einfühlungsvermögen in andere Menschen, werden seltener krank und haben gute Voraussetzungen für den Aufbau echter Beziehungen, für erfolgreiches Lernen und das Bewältigen schwieriger Situationen. Dies wurde bei der Resilienzforschung[15] in verschiedenen Untersuchungen festgestellt (Sit, 2015, S. 13).

Bereits mit der Geburt, beim gegenseitigen Kennenlernen, wird diese Bindung aufgebaut, sei es beim Stillen, Baden, Wickeln, Kuscheln, Reden oder Singen. Der Säugling nimmt Sinnesreize wahr und entwickelt dadurch Gefühle. Das kleine, hilflose Geschöpf löst bei den Eltern ein Fürsorgeverhalten aus, welches es ermöglicht, dass Eltern Tag und Nacht einfühlsam und liebevoll für das Kind sorgen. Beide Elternteile brauchen während dieser Phase ausreichend Zeit zum Schlafen. Darum lohnt es sich, gemeinsam zu planen, wie dies in der aktuellen Situation möglich ist. Ein unterstützendes Umfeld ist wichtig, welches Hilfe anbietet, die wir bereitwillig annehmen, falls wir uns überfordert oder übermüdet fühlen.

Aufbau der Bindung

Der Bindungsprozess läuft automatisch ab, es ist ein biologischer Prozess. Wir können ihn bewusst positiv beeinflussen, indem wir uns offen auf diesen Kennenlernprozess einlassen, einfühlsam mit uns und unserem Kind umgehen, dem Kind so viel Nähe, Zuwendung und Aufmerksamkeit wie möglich schenken und immer mehr in unsere neue Aufgabe hineinwachsen. Durch unsere Zuwendung, unser Lächeln, unsere beruhigende Stimme entsteht beim Kind ein Gefühl der Sicherheit und Verbundenheit. Befinden wir uns in der Nähe des Kindes, können wir seine Bedürfnisse

---

[15] Erforschung der Widerstandsfähigkeit der Seele

mit der Zeit besser erkennen, diese richtig deuten und auf sie zuverlässig reagieren. Wir stimmen uns auf unser Kind ein.

Erlebt das Kind wiederholt die Befriedigung seiner Bedürfnisse, dann fühlt es sich geborgen, mit seinen Eltern verbunden und sicher. Es erlebt einen geschützten Raum. Dadurch erlangt es ein inneres Gleichgewicht, welches eine wichtige Grundlage für den Aufbau anderer Beziehungen bildet, die Selbstregulations- und Beziehungsfähigkeit entwickelt sich.

> „Wenn man bereits in den ersten Lebensjahren seines Kindes lernt, sich auf das Kind einzustimmen, Kontakt herzustellen und mit ihm zu kommunizieren, entsteht eine sichere Bindung. Damit wird eine Grundlage für gesundes Wachstum und gesunde Entwicklung gelegt. Es entsteht ein Gefühl von 'wir' als lebendiges, eigenständiges Gebilde. Mit einer sicheren Bindung erlebt das Kind Verbundenheit mit seinen Eltern, die ihm ein grösseres Gefühl von Sicherheit und von Zugehörigkeit zur Welt gibt."
> (Siegel & Hartzell, 2014, S. 131)

Geraten Säuglinge in grösseren Stress, sind sie nicht in der Lage, sich selbst zu beruhigen. Sie brauchen jemanden, der sie beruhigt, jemanden, der ihre Bedürfnisse richtig wahrnimmt und hilft diese zu befriedigen. Das Kind entwickelt innere Sicherheit, auch in seiner Gefühlswelt, wenn es merkt, dass es sich auf seine Eltern verlassen kann, in seiner Not und Hilflosigkeit nicht allein gelassen wird. Es erlebt bedürfnisfreundliche Beziehungserfahrungen und nimmt seine eigenen

Bedürfnisse des Säuglings erkennen und darauf reagieren

Bedürfnisse laufend besser wahr und drückt sie aus. Jean Liedloff beschreibt, wie Babys der Yequana-Indianer, welche immer getragen werden, Sicherheit erleben und sich angenommen und geborgen fühlen (Liedloff, 1985). Essenszeiten, die sich nicht nach den Bedürfnissen des Säuglings richten, oder das Alleinlassen, wenn das Baby nicht einschlafen kann, erschweren den Aufbau einer sicheren Bindung.

Babys lernen zunehmend den Umgang mit ihren Gefühlen diese zu regulieren, um ihnen nicht mehr hilflos ausgeliefert zu sein. Dies betrifft sowohl negative als auch positive Gefühle. Wir Eltern unterstützen das Kind dabei, seine Gefühle zu verstehen, indem wir auf Gefühlsausbrüche des Kindes reagieren und ihm so eine Rückmeldung geben. Wir ahmen den Gesichtsausdruck des Kindes nach und spiegeln ihm dadurch sein Verhalten und sein Gefühl wider. Es ist ein wechselseitiges Spiel, das Aussenden und Zurückgeben von Signalen. Wir helfen dem Kind auch die eigenen Gefühle zu verstehen, indem wir diese beschreiben, das Kind trösten und ermutigen. „Du bist wütend, weil dir das nicht gelungen ist. Du kannst es noch einmal versuchen. Das zweite Mal geht es sicher schon besser." Kinder lernen ihre Gefühle nicht nur besser kennen und verstehen, sondern auch zunehmend besser regulieren. Es ist sehr wichtig, dass sie ihre eigene Angst oder Wut beruhigen und ihre Mut- oder Lustlosigkeit selbst überwinden lernen.

Umgang mit Gefühlen lernen

Denkanstösse:

- *In welchen Situationen haben wir bereits intuitiv richtig reagiert? Was hat uns dabei geholfen?*
- *Was unterstützt uns, dass wir die Signale unseres Kindes wahrnehmen und feinfühlig darauf reagieren? Wie stimmen wir uns auf unser Kind ein?*
- *Wie zeigen wir unserem Kind, dass es sich auf uns verlassen kann?*
- *Wie gehen wir mit den Gefühlen unseres Kindes um? Wie geben wir ihm eine Rückmeldung?*

3.2 Eigene Stärken entdecken

Im ersten Lebensjahr entwickelt sich die sichere Bindung, welche sich im zweiten Lebensjahr stabilisiert. Eine sichere Bindung bildet die Grundlage für das Empfinden von Sicherheit, Geborgenheit und Vertrauen. Das Kind beginnt mit Freude und Neugier die Welt zu erforschen, sich zu entwickeln, im Wissen, dass es an diesen sicheren Ort zurückkehren kann. Wir entlassen das Kind aus der Abhängigkeit und bieten ihm dafür Zuverlässigkeit, Vertrauen und einen Rahmen, der dem Kind Sicherheit gibt. Wir sind für das Kind da, wenn wir gebraucht werden. Wir spenden bei Misserfolg Trost, ermutigen, bieten Schutz und teilen mit ihm Freude über Erfolge und neue Errungenschaften. Bei uns kann es seine Gefühle ausdrücken und teilen. In dieser Geborgenheit tankt das Kind neue Kräfte und probiert trotz Misserfolg wieder Neues aus, lernt, sich nach Stress oder Ängsten zu beruhigen und um Hilfe zu bitten, wenn es sie braucht. Das Kind fühlt sich gesehen und unterstützt und so geliebt, wie es ist.

> *Sicher gebunden die Welt erkunden*

Eigene sichere Bindungserfahrungen, welche wir als Kind erleben durften oder mit anderen Menschen entwickeln konnten, helfen uns, unsere Selbstwahrnehmung zu verbessern und auch in schwierigen Situationen überlegt und angemessen zu reagieren. Die Bindungsfähigkeit ist stark mit der Fähigkeit sich selbst zu regulieren verbunden. Diese sichere Basis ermöglicht es uns und unseren Kindern, dass wir furchtlos in die Welt hinausgehen, neue Bindungen herstellen und einfühlsam mit uns und unseren Mitmenschen umgehen. Ein Kind, welches sich geborgen und behütet fühlt, wird dadurch vor allem in den ersten drei Lebensjahren auch bei der Persönlichkeits- und Intelligenzentwicklung unterstützt.

> „Vertrauen ins Leben zu haben, die innere Überzeugung, einen Platz auf dieser Welt zu besitzen und Teil einer Gemeinschaft zu sein, schenkt Menschen eine enorme Sicherheit."
>
> (Charf, 2018, S. 71)

Kinder entdecken, was ihnen Freude bereitet und wie sie ihre Stärken einsetzen können. Jeder Erfolg bei ihren Unternehmungen stärkt sie, neue Herausforderungen in Angriff zu nehmen, und sie spüren Vertrauen in sich selbst. Sie entwickeln ein Gefühl der Selbstwirksamkeit, die Überzeugung und das Vertrauen, dass sie eine Situation aus eigener Kraft erfolgreich beeinflussen oder verändern und damit etwas bewirken können. Kinder lernen, dass sie durch ihren Einsatz ein Ziel erreichen. Diese Erfahrung hilft ihnen, bei Schwierigkeiten nach neuen Wegen zu suchen. Selbstwirksamkeit wird erlebt, die Selbstkontrolle, die Motivation und der Fleiss werden gefördert. Diese Fähigkeiten wirken sich massgeblich auf den Erfolg im Leben aus. Lassen wir ihnen also Zeit und schenken ihnen Vertrauen, ihre Stärken zu entdecken und zu entfalten. So wird ein positiver Kreislauf in Gang gebracht, der allen Beteiligten viel Freude bereitet.

Selbstwirksamkeit erleben

Wir unterstützen unsere Kinder, indem wir sie immer wieder in ihren Bemühungen ermutigen, sie bestärken und ihnen aufzeigen, dass sich die Anstrengung lohnt. Wir erkennen auch kleine Fortschritte und freuen uns mit ihnen. So merken Kinder, dass sie sich durch Anstrengung verbessern und auch bei ihren Schwächen Fortschritte erzielen können.

Walter Mischel untersuchte die Fähigkeit zur Selbstkontrolle bereits vor vielen Jahren mit seinem berühmt gewordenen Marshmallow – Test (Mischel, 2015). Dabei wurde getestet, ob es etwa drei Jahre alten Kindern gelingt, die Süssigkeit auf dem Tisch liegen zu lassen, bis der Versuchsleiter ins Zimmer zurückkommt, um sich so ein zusätzliches Marshmallow zu verdienen. Walter Mischel beschreibt, wie eine andere Forschergruppe unter der Leitung von Annie Bernier untersuchte, wie das Verhalten der Mütter mit ihren 12 bis 15 Monate alten Kindern die Entwicklung der Selbstkontrolle beeinflusst. Dieselben Kinder wurden im Alter zwischen 16 und 26 Monaten noch einmal getestet.

> *Selbstkontrolle*

> „Eltern, die ihre Kinder in den ersten drei Lebensjahren übermässig kontrollieren, riskieren es, die Entwicklung der Fähigkeit zur Selbstkontrolle bei ihren Kindern zu untergraben. Diejenigen hingegen, die ihre Kinder dabei unterstützen und stärken, selbständig Probleme zu lösen, erhöhen wahrscheinlich die Chancen dafür, dass ihr Nachwuchs eines Tages aus dem Kindergarten nach Hause kommt und ihnen triumphierend berichtet, beide Marshmallows ergattert zu haben."
> (Mischel, 2015, S. 82)

Eine gute Selbstkontrolle, die Fähigkeit, unser Verhalten zu steuern und unsere Gefühle zu regulieren, ermöglicht uns, dass wir uns auch in turbulenten Situationen beherrschen. Wir können uns vom Objekt, welches wir beispielsweise unbedingt haben möchten, bewusst abwenden. Uns bleibt die Wahl, worauf wir unsere Aufmerksamkeit lenken, also konzentrieren wir uns willentlich auf etwas anderes oder wir richten die Aufmerksamkeit auf das Ziel, welches wir erreichen wollen. Wir bestimmen selbst, welche Impulse wir unterdrücken, zu welchen Versuchungen wir Nein sagen. Es ist wichtig, dass wir uns selbst gut wahrnehmen, uns und unsere Bedürfnisse spüren. Mit Willenskraft gelingt es uns, uns selbst zu steuern und nicht steuern zu lassen. Die eigene Sicherheit bildet die Grundlage für diese Fähigkeit.

> „In ihrem Leben ergeht es Kindern am besten, wenn sie Impulse ignorieren, Unbedeutendes ausblenden und sich längere Zeit auf ein Ziel konzentrieren können."
> (Goleman, 2013, S. 244)

Zur Unterstützung der Selbstkontrolle können wir an eine Verkehrsampel denken.

ROT   Anhalten und beruhigen
GELB   Bremsen, Gefühle ergründen und Lösungen suchen
GRÜN   Losfahren, den Plan ausführen und beobachten, was geschieht

Unsere Kinder entdecken ihre Stärken und Interessen selbst, wenn wir sie nicht einschränken und sie lediglich im Hintergrund begleiten.

Stärken und Interessen selbst entdecken lassen

Sie erkennen, dass sie etwas erreichen können, indem sie ihre Stärken einsetzen und sich anstrengen. Wir unterstützen sie, indem wir ihnen zutrauen, dass sie erreichen können, wonach sie streben, und sie auf ihrem Weg ermutigen. Wir spornen sie an, etwas zu wagen oder etwas Neues zu versuchen. Es ist für uns nicht entscheidend zu wissen, welche Talente oder welche besonderen Begabungen unsere Kinder haben. Eine solche Annahme schränkt die Kinder bei der Entfaltung ihrer Stärken genauso ein wie Erwartungen oder klare Vorstellungen, die wir haben. Beurteilen wir ihre Interessen, grenzen wir ihren Entfaltungsraum ebenfalls unnötig ein. Wichtig ist, dass wir uns unserer eigenen unerfüllten Wünsche bewusst sind. Dies hilft uns zu erkennen, wenn wir unsere Kinder beeinflussen wollen.

Unsere jüngste Tochter wollte nach dem sechsten Primarschuljahr auf keinen Fall das Gymnasium besuchen, obwohl alle davon überzeugt waren, dass dies für sie der richtige Weg wäre. Mit viel Freude besuchte sie dann die Orientierungsschule. Dort engagierte sie sich und wurde gefördert. Nebenbei konnte sie ihre Freude an der Musik ausleben, besuchte sowohl Klavier- als auch Gitarrenunterricht. Mühelos und ohne Druck schaffte sie nach der Orientierungsschule den Übergang ans Gymnasium. Der Zeitpunkt stimmte für sie und sie ging aus eigenem Antrieb ihren Weg.

Amy Chua beschreibt in ihrem Buch, wie sie ihren Kindern strikt den Weg vorgegeben hat. Sie verachtet die westliche Erziehung, welche es Kindern erlaubt, dass sie aufgeben und sich Herausforderungen nicht stellen (Chua, 2011). Sie gibt ihren Kindern den Rahmen und den Weg für die Entfaltung vor. Ihre Kinder müssen lediglich gehorchen und ihre Vorgaben umsetzen. Amy Chua beschreibt eindrücklich, wie sie damit bei ihrer jüngeren Tochter gescheitert ist und fragt sich darum, ob das chinesische Modell wirklich für alle Kinder richtig sei.

> „Ich wollte Lulu nicht verlieren. Deshalb tat ich das Westlichste, das ich mir vorstellen kann: Ich liess *ihr* die Wahl.

> Sie könne mit der Geige aufhören, sagte ich, und selber entscheiden, was sie tun wolle – zu dem Zeitpunkt war das Tennis spielen."
>
> (Chua, 2011, S. 231)

Robert Brooks und Sam Goldstein schreiben von Kompetenzinseln, welche die Kinder finden sollen (Brooks & Goldstein, 2009). Meistens wissen Kinder selber, was sie gern machen oder wo sie anderen behilflich sein möchten, um ihre Kompetenzen zum Einsatz zu bringen oder zu erweitern. Wir unterstützen diesen Prozess, indem wir dem Kind helfen, zu ergründen, was es gern macht und besonders gut kann, indem wir beispielsweise nachfragen. Zusammen mit dem Kind freuen wir uns an seinen Bemühungen und Fortschritten und bieten ihm ein Umfeld, in dem es seine Kompetenzinseln auf- und ausbauen kann.

Kompetenzinseln

Durch unser eigenes Engagement leben wir unseren Kindern unsere Werte vor. Setzen Kinder sich freiwillig für eine gute Sache, andere Menschen oder die Umwelt ein, erleben sie die Bereicherung ihres Lebens durch sinnvolle Tätigkeiten. So erlangen sie Zufriedenheit und ein höheres Selbstwertgefühl und nehmen neue Herausforderungen in Angriff. Sie wissen, dass sie selbst etwas bewirken können. In der Positiven Psychologie bezeichnet Martin Seligman das Ausleben einer Kompetenzinsel als das Aufblühen des Menschen (Seligman, 2012). Durch das selbstbestimmte Finden der eigenen Bedürfnisse, Interessen, Werte und Fähigkeiten erlangen Kinder innere Sicherheit. Diese schafft die Voraussetzung, dass unsere Kinder die Bedürfnisse, Interessen, Werte und Fähigkeiten auch bei anderen Menschen respektieren und schätzen und zu urteilsfähigen Persönlichkeiten heranwachsen.

Unsere zweitjüngste Tochter konnte ihre Fürsorge nicht nur bei sich selbst und ihren Puppen ausleben, sie sorgte auch vorbildlich für ihre jüngere Schwester. Auf dem Spielplatz wurde sie von jüngeren Nachbarskindern immer freudig empfangen, da auch diese ihre Fürsorge schätzten. So fand sie selbst zu ihrer Kompetenzinsel.

Ein gutes Selbstvertrauen hilft uns, Fehler als Gelegenheit zum Lernen oder schwierige Situationen als Herausforderung zu betrachten: „Ich mache es nächstes Mal anders." Wir Eltern gehen mit unseren eigenen Fehlern gelassen um und leben den Kindern damit vor, dass Fehler zum Lernprozess gehören und uns den Weg weisen. Für unser Selbstvertrauen sind dies wertvolle Erfahrungen, damit wir nicht bei jedem Missgeschick verunsichert werden oder gar an uns selbst zweifeln.

Umgang mit Fehlern

Die wichtigsten Grundlagen für ein erfülltes Leben bilden die Bindungsfähigkeit, die Körperwahrnehmung und die Selbstregulationsfähigkeit.

Denkanstösse:

- *Wie lassen wir unsere Kinder ihre eigenen Bedürfnisse, Interessen, Werte und Fähigkeiten entdecken und leben?*
- *Wie zeigen wir ihnen unsere Liebe, ohne sie an Bedingungen oder Erwartungen zu knüpfen?*
- *Wo können unsere Kinder Selbstwirksamkeit erleben?*
- *Wie ermutigen wir unsere Kinder, etwas zu wagen?*
- *Wann entdecken wir mit ihnen gemeinsam die Welt?*
- *Achten wir darauf, was wir unseren Kindern vorleben?*
    - *Sensiblen Umgang mit eigenen Gefühlen und Bedürfnissen und denen der Mitmenschen*
    - *Werte, Einstellungen und Ziele*
    - *Interessen ausdauernd verfolgen*
    - *Gewissenhaftigkeit, Verlässlichkeit und Strategien für Disziplin*
    - *Umgang mit Stress, Frustration und Fehlern*

3.3 Selbstbild

Andere Menschen rücken zunehmend in den Fokus der Kinder. Sie lernen, dass nicht nur sie selbst, sondern auch andere Menschen wichtig sind. Beziehungen, in denen wir uns wahrgenommen, verstanden und angenommen fühlen, ermöglichen uns ein gutes Gefühl für uns selbst. Dadurch fühlen wir uns mit diesen Menschen verbunden. Je mehr wir solche Erfahrungen sammeln, desto mehr baut sich unser Selbst auf.

Die Psychologie unterscheidet zwischen dem statischen und dem dynamischen Selbstbild. Beim statischen Selbstbild gehen wir davon aus, dass wir unsere Eigenschaften nicht verändern können. „Ich kann nicht zeichnen." Haben wir Misserfolg, fühlen wir uns bestätigt und suchen nicht nach Möglichkeiten Fortschritte zu erzielen, sondern versuchen einen erneuten Misserfolg zu verhindern. Wir verhalten uns passiv und vermeidend. Bei einem dynamischen Selbstbild schöpfen wir unser Potenzial voll aus, mit dem Wissen, dass wir etwas erreichen und uns verbessern können, wenn wir uns anstrengen. „Ich versuche es einmal auf eine andere Weise." Wir verhalten uns aktiv und lösungsorientiert.

Dynamisches und statisches Selbstbild

Eltern können ein dynamisches Selbstbild bei ihren Kindern unterstützen, indem sie den Lernprozess und die Fortschritte ihrer Kinder erkennen und hervorheben, also das Üben, die Ausdauer, die Anstrengung, die Strategien, welche die Kinder anwenden. Auch beim Loben konzentrieren wir uns auf diese Fähigkeiten: „Du hast mit

Fortschritte und Bemühungen loben

unglaublich viel Ausdauer geübt und konntest dich stark verbessern." Wir erkennen und würdigen Erfolge und geben eine möglichst genaue Rückmeldung, welche unsere echte Wertschätzung ausdrückt. So spürt das Kind Vertrauen in sich selbst. Zudem rufen wir dem Kind vorangehende Erfolge in Erinnerung, damit es an diese anknüpfen kann.

Durch Vergleichen und Beurteilen, auch mit anderen Menschen, werden Kinder zu einem statischen Selbstbild geführt. Beim Vergleich oder bei der Beurteilung ist es das Ziel, gegenüber anderen gut abzuschneiden und nicht möglichst viel zu lernen. Darum orientieren wir uns am Wachstum, an der Entwicklung unserer Kinder (Dweck, 2015). Wir vergleichen unsere Kinder auch nicht mit gleichaltrigen Kindern aus dem Freundeskreis oder der Umgebung, denn jedes Kind hat sein eigenes Entwicklungstempo und pflegt eigene Interessen. Eltern lösen durch Vergleiche untereinander unnötigen Stress aus. Unsere Gesellschaft ist stark auf Leistung ausgerichtet. Es lohnt sich, diesem Einfluss Beachtung zu schenken und keine unnötigen Abwertungen aufkommen zu lassen. Wir sind wertvoll, unabhängig von unserer Leistung. Dieses Gefühl bildet die Grundlage für eine freie Entfaltung.

Orientierung am Wachstum

Nicht nur durch Eltern, auch durch Geschwister wird das Selbstbild eines Kindes beeinflusst. Leider habe ich diesen Einfluss bei unseren Kindern erst rückblickend und im Gespräch mit ihnen erkannt. Unser Erstgeborener ist ausgesprochen wissbegierig, was ihm früh hohe Leistungen ermöglichte. Bei unserer ersten Tochter, welche

Einfluss auf das Selbstbild

nur fünfzehn Monate jünger ist, hat dies zu einer passiven Haltung geführt. Sie dachte frustriert: „Warum soll ich mich anstrengen, wenn er es so einfach kann, ohne sich anstrengen zu müssen?" Sie sah weder seinen Altersvorsprung noch seinen Wissensdurst, der ihn antrieb.

Die gute Nachricht ist, dass Selbstbilder veränderbar sind. Es ist nie zu spät, sich zu verändern.

> „Eines Tages beschäftigten meine Assistentin Mary Bandura und ich uns mit der Frage, warum einige Studenten so versessen darauf waren, ihre Fähigkeit unter Beweis zu stellen, während andere lernten. Mit einem Mal stellten wir fest, dass das Wort 'Fähigkeit' zwei Bedeutungen hat: Zum einen beschreibt es eine bestehende Fähigkeit, die unter Beweis gestellt werden muss, zum anderen eine wandelbare Fähigkeit, die durch Lernen entwickelt werden kann.
> In diesem Moment war der Gedanke der zwei Selbstbilder geboren. Mir war sofort klar, welche Denkweise ich selbst besaß. Ich erkannte mit einem Mal, warum ich immer Angst davor hatte, zu versagen oder Fehler zu machen. Und ich erkannte zum ersten Mal, dass ich mich entscheiden kann."
> (Dweck, 2015, S. 24)

Denkanstösse:

- *Freuen wir uns mit unseren Kindern, wenn sie sich anstrengen, Fortschritte machen?*
- *Wie würdigen wir die Bemühungen unserer Kinder?*
- *Wie schaffen wir es, Vergleiche und Beurteilungen zu vermeiden?*
- *Wie vermindern wir den Einfluss der Leistungsorientierung?*

4 Beziehung zum Kind pflegen

Beziehungspflege ist nicht nur in der Partnerschaft wichtig, sondern auch in der Beziehung zu unseren Kindern. Bereits ein Säugling verleitet uns dazu, dass wir immer wieder eine Verbindung zu ihm herstellen. Wir tun dies durch Körperkontakt, mit den Augen, durch Mimik, kleine Spiele wie zum Beispiel „Äs chunt ä Bär vo Züri här …". So lernen wir unser Kind laufend besser kennen, seine Vorlieben und Bedürfnisse, aber auch, was es nicht gern hat.

Wir bauen eine liebevolle Beziehung auf, indem wir offen sind, uns aufeinander einlassen. Das Kind fühlt sich geborgen, wohl und angenommen, wenn es Botschaften empfängt wie: „Ich mag dich genau so, wie du bist." „Es ist schön, dass es dich gibt." Von Anfang an reden wir liebevoll mit dem Kind auch beim Wickeln, Knuddeln, Spielen und bei allen Unternehmungen, lassen es unsere Liebe spüren. Wir bauen eine Gesprächskultur auf, üben die Kommunikation und es entsteht ein Gefühl der Verbundenheit. Die Sprache und das gemeinsame Gespräch werden mit zunehmendem Alter immer wichtiger.[16]

Sich Geborgen und angenommen fühlen

Manchmal belasten uns Situationen mit dem Säugling, wir finden nicht heraus, warum er weint oder quengelt. Es ist wichtig, das Baby in seinem Unwohlsein nicht allein zu lassen, wir bieten ihm Nähe an trotz der Hilflosigkeit, die wir verspüren. Wir zeigen ihm, dass es sich auf uns verlassen kann. Vielleicht löst der Partner oder eine

Nähe und Verlässlichkeit in jeder Situation

---

[16] Siehe Kapitel 4.1

andere Bezugsperson den angespannten Elternteil ab und übernimmt für gewisse Zeit die Fürsorge für das Baby, um uns zu entlasten.

Kinder können uns an unsere Grenzen bringen, können sehr anstrengend sein. Vielleicht helfen sie uns aber auch, verborgene Fähigkeiten in uns zu entdecken, die uns helfen, über uns selber hinauszuwachsen. Haben wir herausfordernde Situationen durchgestanden, sind die unglücklichen Zeiten bald wieder vergessen. Durften wir Hilfe entgegennehmen, können wir dankbar zurückblicken. Mir hat es nicht nur geholfen, dass meine Mutter mir regelmässig Zeit für mich ermöglichte, sondern auch, meine Gedanken auf schöne Momente zu lenken. So floss die Liebe wieder aus meinem Herzen zu unseren Kindern und ich ertrug schwierige Situationen besser oder sie entspannten sich sogar.

An herausfordernden Situationen wachsen

Das Schlafverhalten unserer Säuglinge kann uns beispielsweise an unsere Grenzen bringen. Unser Sohn machte bereits während der Schwangerschaft die Nacht zum Tag. Da er unser erstes Kind war, gelang es uns problemlos uns so zu organisieren, dass wir beide ausreichend schlafen konnten. Mein Mann zog aus dem Elternschlafzimmer aus, während unser Sohn die Nacht bei mir verbrachte und so lange aktiv war, bis er müde war und einschlief. Mein Mann konnte ausgeruht zur Arbeit gehen und ich passte mich dem Rhythmus unseres Sohnes an. Je aktiver er am Tag wurde, desto besser fand er am Abend den Schlaf. Vor allem auch, da er bereits sehr früh auf den Mittagsschlaf verzichtete.

Unsere erste Tochter schlief problemlos und sehr viel, was nach den Gewohnheiten unseres Sohnes eine Wohltat war. Unerwartet traf es uns dann bei der zweiten Tochter, die sich während der ganzen Nacht fast stündlich versicherte, ob jemand in ihrer Nähe sei. Diese Gewohnheit legte sie auch nicht ab, als alle ihre Altersgenossen die Nacht bereits durchschliefen. Ich verbrachte die Nächte mit ihr im Gästebett, so dass wir beide nach dem Trinken schnell wieder einschlafen konnten. Mich schwächte zusätzlich eine Brustentzündung nach der anderen. Erst als es mir gelang, die Situation gelassener zu betrachten, ging es mir besser. Auch mein Gefühl, dass nur unser Kind nicht alleine schlafen könne, verursachte sehr viel unnötigen Stress.

Denkanstösse:

- *Wie geben wir unseren Kindern das Gefühl, dass wir sie annehmen, so wie sie sind? Woran erkennen sie dies?*
- *Wie pflegen wir zu jedem unserer Kinder eine gute Beziehung?*
- *Wie zeigen wir unseren Kindern unsere Liebe und geben ihnen Nähe und Geborgenheit?*
- *Wie erkennen unsere Kinder, dass sie sich auf uns verlassen können?*

4.1 Kommunikation

Eltern nehmen feinfühlig die Signale des Kindes wahr und das Kind wendet sich seinen Eltern immer mehr zu, es beginnt zu reagieren, zum Beispiel mit einem Lächeln. Der Säugling ist darauf angewiesen, dass wir uns mit ihm austauschen, auf seine Mimik reagieren, mit ihm sprechen und seine Gesichtsausdrücke spiegeln, auch seine nonverbalen Botschaften empfangen, verstehen und beantworten. Durch diesen Austausch entsteht ein Gefühl der Verbundenheit. So lernt das Kind bereits früh das Zuhören, das genaue Betrachten des Gegenübers und das Wahrnehmen des Ausdrucks, das Beachten verbaler und nonverbaler Botschaften. Die Gesichtserkennung verbessert sich laufend und das Kind lernt dadurch auch zunehmend, sich in andere Menschen hineinzuversetzen.

Austausch von Anfang an

Durch Kommunikation verbinden wir uns mit unseren Kindern, indem wir uns offen auf unser Kind einstimmen und mit ganzem Herzen zuhören. Wir bemühen uns darum, unser Kind zu verstehen. Wir empfangen sowohl seine nonverbalen als auch seine verbalen Botschaften, wenn wir präsent sind und genau zuhören. So nehmen wir die Bedeutung des Gesagten wahr oder fragen nach, wenn wir das Kind nicht verstehen, weil es sich noch nicht so gut ausdrücken kann. Das Kind fühlt sich gut, so wie es ist, wahrgenommen und verstanden. Das entstehende Gefühl der Verbundenheit ist für den Aufbau der Beziehung wichtig.

> „Untersuchungen in verschiedenen Kulturkreisen lassen annehmen, dass gesunde Bindungen die Fähigkeit von Eltern und Kind voraussetzen, sich über einen gemeinsamen

Vorrat an Signalen miteinander auszutauschen. Dies wird kontingente Kommunikation genannt, und bedeutet, dass vom Kind ausgesendete Signale in einem gemeinsam erarbeiteten Wechselspiel der Kommunikation von Eltern direkt wahrgenommen, verstanden und beantwortet werden. Eltern und Kinder fühlen sich gleichermassen wohl, wenn sie sich respektvoll austauschen und aufeinander eingehen können. Diese kontingente Kommunikation vermittelt ein belebendes Gefühl von Verbundenheit, das ein Leben lang im Mittelpunkt einer förderlichen Beziehung verbleiben kann."
(Siegel & Hartzell, 2014, S. 95)

Wir fördern unsere Kinder durch Kommunikation beim Erlernen der Sprache wirkungsvoll. Die meisten Eltern sind automatisch gute Sprachlehrer, auch wenn sie sich dessen nicht bewusst sind. Sie wenden sich dem Kind zu, sprechen deutlich, verändern die

Spracherwerb durch Nähe und Geborgenheit

Stimmlage und korrigieren das Kind geduldig, indem sie ein falsch ausgesprochenes Wort einfach richtig sagen. Dabei geht es nicht nur darum, dass wir mit unseren Kindern sprechen, sondern dass wir bei diesem Austausch Nähe und Geborgenheit schaffen. Durch Zuwendung erlernen Kinder die Sprache am besten. Gemeinsam erlebte Freude, das regelmässige Erzählen und Vorlesen von Geschichten und Wortspielen und gemeinsames Singen tun nicht nur der Beziehung gut, sondern fördern auch das Kind. In der heutigen Zeit, in der wir dauernd erreichbar sind, brauchen wir gemeinsame Zeiten, in denen wir ungestört mit unseren Kindern sprechen können, beispielsweise während gemeinsamen Mahlzeiten. Sind wir mit unseren Kindern draussen unterwegs, ist dies ebenfalls eine gute Gelegenheit über all die Dinge Gespräche zu führen, die auf dem Weg zu entdecken sind.

Denkanstösse:

- *Wie schaffen wir es, einen regelmässigen, ungestörten Austausch mit unseren Kindern zu pflegen?*
- *Was brauchen wir, damit wir unseren Kindern aus ganzem Herzen zuhören können?*
- *Welche Rituale haben wir für gemeinsame sprachliche Erlebnisse eingerichtet?*

4.2 Aktiv zuhören

Die Einzigartigkeit unserer Kleinkinder und Kinder kann uns herausfordern und den Erziehungsalltag schwierig machen, auch wenn sie bereits sprechen können. Umso wichtiger ist es, mit den Kindern, entsprechend ihrem Entwicklungsstand, im Gespräch zu sein. Das Gespräch suchen wir nicht nur, wenn wir mit unseren Kindern Probleme besprechen wollen oder wenn wir gar wütend sind. Schön und wichtig ist es, immer miteinander im Gespräch zu sein, voneinander zu hören, zu wissen, was die Kinder erleben und was sie beschäftigt. Dies unterstützt das Nachdenken über die eigenen Gefühle und Handlungsweisen und die Verarbeitung von schmerzhaften Erfahrungen. Dabei erleben die Kinder, dass sie mit uns über alles reden können, dass wir sie und ihre Anliegen ernst nehmen und dass sie sich auf uns verlassen können. So entsteht das Gefühl der Geborgenheit, es wird eine tragfähige Beziehung aufgebaut, die auch in schwierigen Situationen hält.

Kind ernst nehmen

Indem wir am Leben unserer Kinder teilhaben, drücken wir ihnen gegenüber Wertschätzung aus. Wir beobachten unsere Kinder, wenden uns ihnen zu, konzentrieren uns auf sie, nehmen uns zurück und hören geduldig, aktiv zu.

Aktives Zuhören

„Aktives Zuhören

Melden Sie Ihrem Kind zurück, was Sie im Moment von ihm zu verstehen glauben; das bedeutet:
- keine Interpretationen,
- keine bohrenden Fragen,
- keine Bewertungen,
- keine guten Ratschläge und kein Besserwissen,
- keine Lösungen."

(Sit, 2015, S. 102)

Damit zeigen wir unseren Kindern, dass wir ihnen wirklich zuhören. Wir lernen sie dadurch besser kennen, lernen ihre Sicht- und Denkweisen verstehen und uns in sie einfühlen. Ich empfinde das aktive Zuhören als sehr entlastend, da ich mich voll und ganz auf das Kind konzentrieren kann und mir keine Lösung überlegen muss. Unsere eigenen Gedanken und Empfindungen halten wir zurück oder bringen sie in „Ich-Botschaften" erst an, wenn das Kind seine Sichtweise dargelegt hat. „Ich merke, dass dir das sehr wichtig ist." Das Kind fühlt sich angenommen und wir zeigen ihm, dass wir es mit seinen eigenen Meinungen akzeptieren.

Wir versuchen auch Botschaften zu verstehen, die nicht ausgesprochen werden, sich aber zum Beispiel in der Mimik zeigen. Durch Rückfragen und eigene Formulierungen können wir uns versichern, dass wir unser Kind richtig verstanden haben. „Du glaubst, dass ..." Die Kinder lernen ihre eigenen Bedürfnisse formulieren, negative Gefühle ausdrücken und für ihre Probleme selber Lösungen finden. Wir regen sie an, zu überlegen, was sie wollen, warum sie es wollen oder warum sie etwas nicht wollen. Dadurch helfen wir unseren Kindern, einen gesunden Menschenverstand zu entwickeln und die eigene Weisheit zu nutzen. Wir lassen den Kindern ihre

Probleme und geben ihnen das Vertrauen und die Verantwortung, sie selber lösen zu können. Das gibt ihnen Selbstvertrauen und das Gefühl von Selbstwirksamkeit[17].

Im Leben ist es wichtig, dass wir wahrnehmen, was wir wollen, um auf Grund dieser Wahrnehmungen unsere Entscheidungen zu fällen. Dies bedeutet jedoch nicht, dass den Kindern alle Entscheidungen überlassen werden sollen, sondern nur die Entscheidungen, die sie von ihrem Alter her für sich selber treffen können. In Situationen, die das Kind noch nicht selber entscheiden kann, weil es sie beispielsweise noch nicht einschätzen kann oder weil sie mehrere Familienmitglieder betreffen, nehmen wir das Kind ernst und seine Bedürfnisse wahr. Nach Abwägen der verschiedenen Bedürfnisse treffen wir die Entscheidung. Damit schützen wir die Kinder und konfrontieren sie nicht mit Problemen der Erwachsenen.

> *Entscheidungen treffen*
> *Nein akzeptieren*

Kinder lernen, dass sie ihre Bedürfnisse und Wünsche äussern dürfen, dass sie jedoch nicht immer erfüllt werden. Sie lernen, die Befriedigung eines Bedürfnisses aufschieben, ihre Impulse erkennen, sie bremsen und verändern. Für Kinder **ist es einfacher, ein „Nein" zu akzeptieren, wenn sie sich wahrgenommen und verstanden fühlen.** Behalten wir den Kontakt zum Kind, ertragen wir seinen Unmut besser und halten es aus, standhaft zu bleiben. Zudem formulieren wir, wenn wir einen Wunsch ablehnen, **statt ein unwiderrufliches „Nein" zu äussern, ein bedingtes „Ja".** „Ja, du

---

[17] Siehe Kapitel 3.2

kannst morgen wieder auf dem Spielplatz spielen. Jetzt gehen wir nach Hause." Somit schieben wir die Befriedigung des Wunsches auf.

„Durch das Setzen von Grenzen, das Abstecken eines klaren Rahmens für akzeptiertes Verhalten und das Vermitteln von Strukturen machen Kinder wichtige Erfahrungen, die ihnen ein Gefühl von Sicherheit und Geborgenheit geben. Diese grundlegenden Arten von 'Nein' ermöglichen es ihnen, die Fähigkeiten der Selbstregulierung zu entwickeln, so dass sie die Bremse ziehen und ihre Aktivitäten in eine andere Richtung umleiten können."
(Siegel & Hartzell, 2014, S. 238)

Erleben Kinder traurige Situationen, meistern und verarbeiten sie diese besser, wenn sie auf vertrauensvolle Beziehungen zurückgreifen können und wissen, dass sie traurig sein dürfen, dass diese Gefühle zum Leben gehören. Bereitet es einem Kind Mühe zu sprechen, dann helfen wir ihm als aktiver Zuhörer, indem wir zum Gespräch anregen, das Gespräch durch Nachfragen am Laufen halten, um so Gefühle, Bedürfnisse und Empfindungen unseres Kindes zu erfahren.

Schwierige Erlebnisse teilen

Körperempfindungen geben Hinweise auf die Ursache negativer Gefühle. Fällt einem Kind das Erzählen des Vorgefallenen schwer, beschreibt es vielleicht zuerst einmal, was es in seinem Körper wahrnimmt. Es lernt, dass auch der Körper auf schwierige Erfahrungen reagiert und dass diese Signale ebenfalls wichtig sind und beachtet werden müssen. Zudem dient die Beschreibung der Empfindungen als Einstieg für das Erzählen.

Beispielsweise erzählt das Kind von den Bauchschmerzen, die es verspürt. Wir erforschen deren Auftreten und erfahren vielleicht so von der schwierigen Situation des Kindes.

Hilfe beim Erzählen bieten auch Handpuppen, Bilderbücher, Geschichten, Spiele oder das Malen, je nach Vorlieben und Alter des Kindes. Unser Sohn hat in schwierigen Situationen immer gezeichnet. Zu seinen Zeichnungen konnte er dann erzählen. Kleinere Kinder können bei der Verarbeitung unterstützt werden, indem die Eltern das Erlebte einfühlsam aus der Sichtweise des Kindes nacherzählen.

> „Durch Nacherzählen der Gegebenheit, einem späteren Nachgespräch mit dem Kind über das beängstigende Erlebnis und eine offene Tür für weitere Gespräche können Eltern ihren Kindern helfen, mit einer erschütternden Erfahrung zurechtzukommen."
> (Siegel & Hartzell, 2014, S. 195)

Es ist wichtig, dass Eltern ihre eigenen Bedürfnisse ganz genau wahrnehmen. Können wir Bedürfnisse nicht richtig einschätzen, fühlen wir uns unsicher. Unsere Gefühle zeigen uns an, ob unsere Bedürfnisse befriedigt sind. Eigene Gefühle und Bedürfnisse lassen wir zu und drücken sie in „Ich-Botschaften" aus. Wir wirken auch im Umgang mit unseren Gefühlen und Bedürfnissen als Vorbild für unsere Kinder. Je besser wir unsere eigenen Gefühle wahrnehmen, desto besser gelingt es uns, die Gefühle anderer zu deuten. Selbstwahrnehmung ist die

Über Gefühle und Bedürfnisse sprechen

Grundlage für das Einfühlungsvermögen. Unsere eigene Einschätzung „Wie wäre das für mich?" ist der Ausgangspunkt für das Einfühlen in ein Gegenüber.

Das gemeinsame Gespräch hilft, uns gegenseitig besser zu verstehen. Wir sind echt und spielen nichts vor. Kinder merken, wenn Eltern ihnen etwas vorspielen, dann kommen bei ihnen widersprüchliche Botschaften an, welche sie verunsichern und die Beziehung belasten. Was zählt, ist das Gefühl, das die Kinder wahrnehmen. Zeigen wir unsere echten Gefühle, lernen Kinder, unsere Gefühle zu deuten und zu verstehen und sich in uns einzufühlen.

> „Eine Kommunikation, die unsere eigenen Gefühle mit einschliesst, sowie die Fähigkeit, unsere Gefühle respektvoll miteinander zu teilen, und ein einfühlsames Verständnis für die Gefühle unserer Kinder bereiten die Grundlage für eine lebenslange Beziehung zu unseren Kindern."
> (Siegel & Hartzell, 2014, S. 69)

Unsere negativen Gefühle sollten wir unseren Kindern erklären, damit sie diese verstehen und sie nicht auf sich persönlich beziehen. Kleine Kinder fühlen sich verantwortlich für Dinge, die um sie herum geschehen, und denken beispielsweise: „Meine Eltern streiten, weil ich unartig war." oder „Mami lächelt, also bin ich gut."

Durch das Erleben unserer Gefühle entwickeln die Kinder auch ein Gespür für die Werte, was „richtig" und was „falsch" ist. Das Gewissen und soziale Kompetenzen werden beim Austausch aufgebaut. Kinder lernen, die inneren Vorgänge in Worte zu fassen. Das ist nicht einfach. Wir vermitteln ihnen, ihren Blick nach innen zu richten, damit sie wahrnehmen, welche

Empfindungen, Gefühle, Bilder und Gedanken sie gerade beeinflussen. Sie lernen, dass Gefühle kommen und ihr Verhalten beeinflussen, dass diese Gefühle aber auch wieder vergehen. Immer besser können sie ihre eigenen Gedanken, welche die Gefühle beeinflussen, kritisch betrachten und regulieren und ihre Impulse kontrollieren.

> „Wenn sie einfach nur verschiedene Empfindungen wie Hunger, Müdigkeit, Begeisterung und schlechte Laune wahrnehmen können, sind Kinder besser dazu in der Lage, sich selbst zu verstehen und ihre Gefühle zu beeinflussen."
> (Siegel & Payne Bryson, 2017, S. 141)

Bereitet es Kindern Mühe, ihre Gefühle und Bedürfnisse zu erkennen und auszudrücken, unterstützen wir sie dabei, indem wir sie aus einer beschränkten und dann immer grösser werdenden Anzahl von Vorschlägen auswählen lassen. Oder wir bieten ihnen Bilder an, die Gefühle zeigen, beispielsweise mit dem Stimmungsflip von Pro Juventute, und sie wählen ein Bild aus, welches zu ihrem Gefühl passt (Baumgartner, Boelle, Donzé Cottier, Schraner, & Sax, 2013). Wichtig ist, dass das Wort für das Gefühl mit einem Bild und einer eigenen Erfahrung verknüpft wird: „Wann warst du so traurig wie diese Figur?"

Gefühle ausdrücken

Um Gefühle zu verarbeiten, uns selbst und die Welt zu verstehen, helfen wir den Kindern, durch das Erzählen der Erlebnisse die linke und rechte Hirnhälfte zusammen zu nutzen. Die starken, beispielsweise angstauslösenden Gefühle, die Körperempfindungen, die schmerzhaften Erinnerungen sind in der rechten Hirnhälfte abgespeichert. Beim Erzählen der

Ereignisse ordnet die linke Hirnhälfte die Dinge durch Worte – Benennen der Gefühle – und Logik. Dadurch verstehen wir unsere Gefühle besser und können sie zulassen, einordnen und verarbeiten. Dies erklärt, warum das Schreiben eines Tagebuches bei der Verarbeitung schmerzhafter Erlebnisse hilfreich ist – wir fassen Gefühle in Worte.

Denkanstösse:

- *Wie zeigen wir unseren Kindern, dass sie mit uns über alles reden können?*
- *Woran erkennen unsere Kinder, dass wir sie ernst nehmen?*
- *Wie gelingt es uns, dass wir unseren Kindern einfühlsam und aktiv zuhören?*
- *Wie finden wir heraus, welche Entscheidungen unsere Kinder selbst treffen können?*
- *Wie gehen wir mit unseren negativen Gefühlen um?*
- *Wie helfen wir unseren Kindern, dass sie ihre Gefühle, Körperempfindungen und Bedürfnisse erkennen, darüber sprechen und mit ihnen umgehen können?*
- *Wann nehmen wir uns Zeit, um über Erinnerungen zu reden?*

4.3 Sprache

Grundsätzlich drücken wir stets aus, was wir wollen (Positiv-Sprache) und nicht das, was wir nicht wollen (Negativ-Sprache). Wir legen den Blick auf das Positive und lenken damit das Kind in die Richtung, die wir anstreben. Dies ist für das Gehirn sehr wichtig, damit es die Informationen richtig verarbeiten kann. Annette Prehn benennt die drei wichtigsten Techniken des Gehirns als Taschenlampe, Radiergummi und Bumerangeffekt:

> *Gewünschtes Verhalten benennen*

„1. Die Taschenlampe im Kopf: Sie begünstigt, betont und verstärkt den Bereich, den du beleuchtest.
2. Der Radiergummi im Kopf: Das Gehirn löscht das Wort 'nicht' und andere abstrakte Ausdrücke wie 'Hör auf', 'Lass das sein' etc.
3. Der Bumerangeffekt: Du erhöhst dein Verlagen nach Dingen, die du eigentlich vehement unterdrücken willst. Am Ende denkst du besonders viel daran oder machst sie erst recht."

(Prehn, 2017, S. 63)

Da ich persönlich immer wieder ganz bewusst darauf achten musste, füge ich ein paar Beispiele zur Veranschaulichung an.

Statt:

„Renn nicht auf die Strasse." → „Bleib am Strassenrand stehen."

„Sei nicht so laut." → „Sprich leise."

„Schlag nicht." → „Sag, was dich ärgert."

„Rede nicht drein." → „Warte, bis ich fertig gesprochen habe."

Wir können alle Handlungen mit der Sprache begleiten, also sagen, was wir jetzt tun. „**Wir bleiben jetzt stehen und schauen** zuerst auf die rechte Seite ...." Wir nutzen diese Strategie oft selbst unbewusst bei der Planung von Arbeiten. Die verinnerlichten Selbstgespräche helfen uns, Struktur in unsere Abläufe zu bringen. Diese Strategie können wir den Kindern im Alltag in vielfältiger Weise vorleben. Kinder erteilen sich im Spiel oft selber sprachliche Anweisungen und befolgen diese. „Ich muss jetzt zuerst alles auf die Seite schieben, dann ..." Diese Selbstgespräche werden zunehmend verinnerlicht und scheinen eine grosse Hilfe bei der Selbststeuerung – Verhalten planen und überwachen, Gefühle steuern, Kreativität fördern – zu sein.

> *Verinnerlichte Selbstgespräche*

Ärgern wir uns über Dinge, die unsere Kinder tun, ist es wichtig, den Ärger zuerst abflachen zu lassen und danach erst zu reagieren. So reagieren wir authentisch und nicht aus der Wut heraus. Die negativen Gedanken behindern unsere guten Gefühle. Damit die Kinder sich sicher fühlen und aus der Situation lernen, versuchen wir als erstes, in eine gute Stimmung zu kommen. Es gibt verschiedene Möglichkeiten, den Ärger abklingen zu lassen. Zum Beispiel indem wir an einen liebevollen Moment mit unseren Kindern denken oder indem wir über die Situation nachdenken und uns fragen, was das Kind in dieser Situation noch lernen muss, indem wir uns Zeit geben und uns zurückziehen, uns überlegen, wofür wir dankbar sind, mit Humor unsere Stimmung aufhellen, oder wir haben bereits unsere ganz persönliche Strategie, die wir anwenden. Wir warten, bis wir uns gut fühlen, reagieren in ruhigem,

> *Ruhig, sachlich und bestimmt reagieren*

sachlichem Ton und achten darauf, wie wir etwas sagen. Entscheidend ist, welches Gefühl beim Kind ankommt. Bei der Reaktion betonen wir das richtige Vorgehen, nicht das, was falsch ist. „Im Zimmer, in dem ich telefoniere, spielst du ganz leise." Zudem sagen wir dem Kind, wie wir es empfinden, und verwenden dazu die direkte „Ich-Form", zum Beispiel: „Ich verstehe meinen Gesprächspartner am Telefon nicht, wenn du so laut schreist."

> „Das Wort „müssen" aus dem Wortschatz streichen und durch „dürfen" oder „können" ersetzen."
> (Dreikurs & Blumenthal, 2010, S. 172)

Jedem Kind regelmässig Zeit zu schenken, die ohne Ablenkung nur ihm „gehört", dies ist für den Familienalltag eine wertvolle Bereicherung. Zusammen spielen, etwas unternehmen und etwas erleben, diese Zeit gestalten wir je nach Interesse des Kindes.

Gemeinsame Erlebnisse teilen

Kinder benötigen viel Aufmerksamkeit, Zuwendung und Nähe. Wir schenken sie ihnen, ohne dass sie uns auf unangenehme Weise darauf aufmerksam machen.

Als nur noch unsere jüngste Tochter den Tag zu Hause verbrachte, traf sich der Vorstand eines Vereins, in dem ich tätig war, immer bei uns. Dies ersparte es mir, eine Betreuungsmöglichkeit für unsere Tochter zu suchen. Vor Sitzungsbeginn nutzten wir die Zeit zum gemeinsamen Spielen. Während der Sitzung beschäftigte sie sich dann problemlos alleine, meist mit Puzzles. Sie genoss die Zeit des gemeinsamen Spiels und hielt sich an die Abmachung, sich anschliessend selbständig zu beschäftigen.

Denkanstösse:

- *Wie gelingt es uns, den Blick auf das gewünschte Verhalten zu richten und dieses zu betonen?*
- *Welche Handlungen begleiten wir sprachlich?*
- *Was hilft uns, uns bei Ärger wieder gut und sicher zu fühlen?*
- *Wie schaffen wir Möglichkeiten, dass jedes Kind etwas mit uns alleine erleben kann?*
- *Wann ist die Zeit, in der wir uns erzählen, was wir erlebt haben?*

4.4 Beziehung hält Spannungen stand

Für die Beziehung zu unseren Kindern tragen wir als Eltern die Verantwortung. Es liegt an uns, dafür zu sorgen, dass wir die Verbindung zu ihnen nicht abreissen lassen oder sie rechtzeitig wiederherstellen, wenn sie unterbrochen wird. Kinder erleben, dass sie sich auf uns verlassen können, dass wir sie auch lieben, wenn sie ihre Gefühle nicht unter Kontrolle haben. Wir nehmen sie und ihre Sorgen ernst und bleiben mit ihnen im Gespräch. Es ist nicht nötig, schwierige Phasen allein zu meistern, wir können uns jederzeit Hilfe holen, aus dem Freundeskreis oder bei einer professionellen Stelle. Unsere Kinder nutzten die Zuflucht bei meiner Mutter, um bei ihr über die Situation und über uns zu schimpfen. Ihr offenes Ohr tat ihnen gut.

> „Hierbei ist es wichtig zu wissen, dass das Zugehörigkeitsgefühl der Kinder zur Familie während eines offenen Konflikts mit den Eltern nicht verschwindet. Positive Stimmen innerhalb der Familie werden auch in Zeiten des Konflikts wahrgenommen, selbst wenn sie schwach oder nicht hörbar sind. Der Aufbau eines Unterstützungsnetzes kann dazu beitragen, diese Stimme hörbar zu machen und sie zu verstärken."
>
> (Omer & von Schlippe, 2010, S. 94)

4.4.1 Trotzphase

Zwischen zwei und drei Jahren entdecken die Kinder ihre eigene Persönlichkeit und ihren eigenen Willen, den sie auch durchsetzen wollen. Dabei stossen sie auf Menschen, die auch einen Willen haben, aber nicht das Gleiche wollen. Erreichen sie ihr Ziel nicht, dann sind sie enttäuscht. Sie können mit diesem Gefühl noch nicht umgehen und reagieren lautstark. Es nützt in diesem Moment nichts, dem Kind zu erklären, warum es jetzt die Schokolade, die sich genau auf seiner Augenhöhe befindet, nicht bekommt. In dieser Entwicklungsphase reifen Kinder und lernen, dass es verschiedene Meinungen gibt. Sie lernen mit Frustrationen umgehen und ihre Bedürfnisse aufschieben. Wir gehen möglichst geduldig und gelassen mit solchen Situationen um und lassen die Gefühlsausbrüche zu, ohne darauf zu reagieren. Wir ertragen die Wut, bleiben beim Kind und geben ihm damit Halt. Nach einem Wutausbruch braucht das Kind oft besonders viel Nähe und Verständnis.

Ich kann mich nur noch an die Trotzphase unserer jüngsten Tochter erinnern und dies nicht, weil sie am wenigsten weit zurückliegt. Wir waren in dieser Zeit auf einer längeren Reise in Griechenland unterwegs. Sie nutzte das Interesse der Zuschauer aus, um ihren Willen lautstark zu bekunden. Uns fehlte oft ein Ort, an dem sie sich ungestört austoben konnte. Zu Hause flachte die Phase nach kurzer Zeit von alleine ab. Ich bin mir aber auch bewusst, dass die Zeit rückblickend nicht mehr gleich beurteilt wird. Steht man mitten drin, dann erscheint sie uns endlos und schwierig.

Der Umgang mit den eigenen, negativen Gefühlen muss erlernt werden, auch mit Wut und Aggression. Wir vermitteln dem Kind, dass alle Gefühle in Ordnung sind und dass sie wieder vorbeigehen. Wir führen sie auf dem Weg, die Verantwortung für den Umgang mit Gefühlen zu übernehmen. Kinder lernen ihre Gefühle wahrzunehmen,

Umgang mit negativen Gefühlen lernen

über sie zu reden und mit ihnen einen immer bewussteren Umgang zu pflegen. Über ihre Erfahrungen tauschen wir uns mit ihnen aus, fragen nach, welche Gefühle und Gedanken sie wahrgenommen haben, um sich bewusst zu erinnern. Sie erleben zum Beispiel eine Ungerechtigkeit und werden selbst überrascht von ihren starken Gefühlen. Möglicherweise ist eine schmerzhafte Erinnerung die Ursache für die starken Gefühle. Sie ist dem Kind und uns jedoch nicht bewusst. Im Gespräch und im Erzählen der vergangenen Erlebnisse können wir uns an diese negativen Ereignisse erinnern, sie bewusst machen und verarbeiten[18]. Uns und dem Kind hilft es, die Reaktion besser zu verstehen und dem Kind einen Weg zu zeigen, wie es mit schmerzhaften Erfahrungen umgehen kann.

Zunehmend lernen Kinder den Umgang mit Spannungen. Dabei hilft ihnen, wenn sie sich verstanden fühlen und sich bei Bedarf zurückziehen können. Oft flacht die Wut von alleine und relativ schnell ab. Den Rückzugsort bieten wir den Kindern nicht als Strafe an, sondern als Ort, an dem sie für den Umgang mit ihren Gefühlen Zeit haben. Manche Kinder ziehen sich auch gern von sich aus zurück. Unser Sohn hat das oft getan und sich beim Zeichnen der Situation beruhigt. Mit Hilfe der Zeichnung gelang es ihm, über das Vorgefallene zu sprechen. Vielleicht ist das Alleinsein in diesem Moment jedoch nicht das Richtige, da das Kind das Gefühl hat, dass es abgelehnt wird, oder weil es Nähe braucht, jemanden, der ihm hilft, seine Gefühle zu regulieren, damit es seine Gefühle zulassen und annehmen kann.

---

[18] Siehe Kapitel 4.2

Eine hilfreiche Methode, um schwierige Situationen zu meistern, ist die Situation umzudeuten oder sie aus einem anderen Blickwinkel zu betrachten. Erlernen Kinder diese Technik von ihren Eltern frühzeitig, können sie diese ein ganzes Leben lang einsetzen und sich auf schwierige Situationen auch vorbereiten. Wenden wir diese Technik nicht bereits erfolgreich selber an, üben wir sie besser zuerst für uns.

Umdeuten einer Situation

Unsere Deutung einer Situation beinhaltet nur einen Blickwinkel. Unsere Gedanken folgen dieser Deutung und lösen Gefühle und Körperempfindungen aus. Wir können die Situation jedoch auch aus einem anderen Blickwinkel betrachten, geben ihr folglich eine andere Bedeutung. Durch das Verändern unserer Gedanken beruhigen und verändern sich die Gefühle und Empfindungen. Gemeinsam mit dem Kind suchen wir nach Umdeutungen, beispielsweise versuchen wir in der Situation etwas Gutes zu finden und die Aufmerksamkeit darauf zu lenken. Dieses Verhalten lernen und üben wir, wenn sich das Kind gut und sicher fühlt. In einer entspannten Situation sammelt es Erfahrungen, auf die es in einer schwierigen Situation zurückgreifen kann.

Hat ein Kind beispielsweise Angst vor Gewittern, können wir bereits vor dem Gewitter mit ihm Möglichkeiten suchen, wie es die Situation umdeuten könnte, um seine Angst zu beruhigen. Das Kind erinnert sich an Situationen, in denen es bereits erfolgreich mit Angst umgegangen ist. Es sagt sich: „Zum Glück bin ich hier im Haus sicher." Den Blick und die Gedanken richten wir auf Dinge, die positive Gefühle hervorrufen. Gemeinsam schlüpfen wir unter die Bettdecke oder das Kind baut sich einen Ort, an dem es sich sicher fühlt.

> „Umdeutungen ändern nichts an den objektiven Umständen und der Realität, aber sie ermöglichen dir die letzte Freiheit des Menschen: in jeder Situation deine Einstellung und Haltung zu wählen!"
> (Prehn, 2017, S. 166)

4.4.2 Pubertät

Es ist gut, dass wir vier Kinder haben, denn im Umgang mit der Pubertät wurde ich bei jedem Kind gelassener. Bei unserem ersten Kind hat es mir buchstäblich auf den Magen geschlagen. Als die Beschwerden nicht nachgelassen haben, habe ich den Arzt konsultiert. Für meine Beschwerden hat er keine Ursache gefunden und er erkundigte sich, ob ich ein Problem hätte. Ja, genau das hatte ich! Die Gefühlsausbrüche unseres Sohnes setzten mir zu. Ich musste lernen, diese Ausbrüche nicht persönlich zu nehmen, und das war schwierig.

Jugendliche meistern diese Entwicklungsaufgabe sehr unterschiedlich. Es fällt uns vielleicht schwer, sie als Chance zur Reifung zu sehen. Einerseits suchen die Jugendlichen unsere Nähe, andererseits stossen sie uns zurück, streben nach Freiheit und Unabhängigkeit. Ich finde es vor allem schwierig, wenn die Jugendlichen unbedingt selbständig sein wollen, jedoch beispielsweise noch auf die finanzielle Hilfe der Eltern angewiesen sind. Studenten brauchen sehr lange, bis sie völlig unabhängig leben können.

In emotional schwierigen Zeiten ist es wichtig, eine vertrauensvolle Beziehung zu pflegen. Gemeinsame Unternehmungen ermöglichen uns positive

Erlebnisse, aber auch Gespräche über Themen, die unserem Kind wichtig sind. Mit unserer Offenheit und unserem Verständnis zeigen wir, dass unsere Kinder mit uns über alles reden können, beispielsweise über den Umgang mit Alkohol. Es ist nicht nötig, immer die gleiche Sichtweise zu vertreten, doch wir sollten die Sichtweise des Gegenübers kennen, respektieren und verstehen. Kinder lernen zu argumentieren und ihren Standpunkt zu vertreten und entwickeln dadurch ein gutes Selbstbewusstsein. Dies stärkt sie auch im Umgang mit Gleichaltrigen. Jugendliche wünschen sich in dieser Zeit vor allem, dass sie zu einer Gruppe gehören. Die Meinung der Gruppenmitglieder ist ihnen wichtiger als die Meinung von uns Eltern. Um die Gesprächsbereitschaft zu erhalten, lassen wir die verschiedenen Meinungen zu und bringen unsere Meinung ohne Bewertung ein. Wir Eltern vertreten beispielsweise die Haltung, dass Jugendliche keinen Alkohol konsumieren sollen. Gehört das Trinken von Alkohol in der Gruppe dazu, dann nützt unsere Überzeugungsarbeit wenig oder nichts.

Nach einer Auseinandersetzung warten wir den richtigen Zeitpunkt ab und pflegen die Beziehung. Haben sich die Gefühle von allen, die beteiligt sind, beruhigt, gelingt es uns besser, uns auf die Sicht des Anderen einzulassen, zuzuhören ohne zu beurteilen und die Sichtweise dadurch besser zu verstehen. Bewegung – joggen, boxen, tanzen ... – oder Abstand, der Aufenthalt in der Natur helfen uns, dass sich die Gefühle und unsere Stimmung verändern, wir einen neuen Blickwinkel auf die Situation zulassen und mit klarem Verstand ein Gespräch führen können. Mir hat es immer geholfen, mich daran zu erinnern, dass alle unsere Kinder wundervolle Menschen sind und einen guten Kern haben.

Vergessen oder verdrängen wir die Auseinandersetzung einfach, bleiben nicht nur ungute Gefühle zurück, sondern dem Kind fällt es auch schwerer, seine eigenen Gefühle zulassen und verstehen zu können. Dadurch erlebt das Kind eine grössere Distanz zu seinen Gefühlen.

In einer vertrauensvollen Beziehung können wir erste Anzeichen von Krisen erkennen und unsere Kinder frühzeitig unterstützen, diese Krise selber zu meistern. Die Jugendlichen übernehmen immer mehr Verantwortung für ihre eigenen Entscheidungen. Wir lassen ihnen dafür Raum und versuchen flexibel, je nach Situation, zu reagieren und sie zu begleiten.

Nicht jedes Kind redet gern über Probleme. Im Leben können wir dem oft nicht ausweichen und für spätere Beziehungen ist es eine wichtige Grundlage, auch über Schwierigkeiten reden zu können. Daher liegt es an uns, Vertrauen zu schaffen und die Beziehung nicht abbrechen zu lassen. Wir stellen die Beziehung nicht in Frage und tragen die Konflikte fair aus. Bevor wir über verletzte Gefühle reden, zeigen wir Interesse für das Leben unserer Kinder und vertiefen die Gespräche zunehmend. Wir sind in ihrem Leben beharrlich präsent und zeigen ihnen damit, dass uns die Beziehung zu ihnen und die Gespräche mit ihnen wichtig sind.

Präsenz und Beharrlichkeit

„Dank der Beharrlichkeit verbessern sich die Aussichten, dass das Kind auf kooperative Weise reagiert. Diese positiven Reaktionen setzen wiederum einen Kreislauf in Gang und bieten eine Chance, dass sich die Bindungsbeziehung verbessert."
(Omer & von Schlippe, 2010, S. 56)

Mit Schülern, die nicht gesprächsbereit sind, habe ich gelernt, nicht nur beharrlich, sondern auch sehr geduldig zu sein. Immer wieder habe ich nachgefragt, was sie dazu denken oder vorschlagen, statt geduldig auf ihre Sichtweise oder ihren Vorschlag zu warten.

> *Gewaltfreie Kommunikation*

Eltern können auch das Sit-in versuchen, wenn ihre Kinder keine Gesprächsbereitschaft zeigen (Omer & von Schlippe, 2010, S. 148 ff.). Sie setzen sich in das Zimmer ihrer Kinder und verlassen es erst wieder, wenn es gelungen ist, gemeinsam eine Lösung zu finden. Dies ist das Mittel für gewaltfreien Widerstand, also Beharrlichkeit und Standhaftigkeit.

Die Gewaltfreie Kommunikation bildet die Grundlage des Gesprächs, denn wir wollen mit unserem Herz das Herz unseres Kindes erreichen. Wir nehmen seine Bedürfnisse wahr. Urteile und Schuldzuweisungen behindern das respektvolle Einfühlen in unser Kind. Die Schritte der Gewaltfreien Kommunikation habe ich bereits im Umgang mit Ärger beschrieben[19]. Trotzdem führe ich sie hier noch einmal in diesem Zusammenhang an (Rosenberg, 2016, S. 21+22). Sie geben dem Gespräch Struktur und unterstützen eine offene und einfühlsame Kommunikation.

1. **Beobachtungen:** Welche konkreten Handlungen, die wir beobachten, beeinträchtigen unser Wohlbefinden?
2. **Gefühle:** Wie fühlen wir uns mit dem, was wir beobachten?
3. **Bedürfnisse:** Aus welchen Bedürfnissen, Werten, Wünschen usw. entstehen diese Gefühle?
4. **Bitten:** Worum bitten wir ganz konkret?

---

[19] Siehe Kapitel 2.2

Was immer geschehen ist, Vergebung ebnet den Weg von der Vergangenheit in eine hoffnungsvolle Zukunft.

Denkanstösse:

- *Wie übernehmen wir Verantwortung für die Beziehungen zu unseren Kindern? Woran erkennen unsere Kinder dies?*
- *Wie gelingt es uns, in schwierigen Situationen wieder in eine gute Stimmung zu kommen?*
- *Wie unterstützen wir unsere Kinder im Umgang mit negativen Gefühlen?*
- *In welchen Situationen setzen wir Umdeutungen frühzeitig ein?*
- *Woran erkennen wir, dass unsere Beziehungen auf Vertrauen und Offenheit aufbauen?*
- *Wie schaffen wir es, bei der Beziehungspflege beharrlich und geduldig zu bleiben, ohne uns zurückweisen zu lassen?*

5 Anregende Umgebung

5.1 Innerer Antrieb

Von der Hirnforschung wissen wir, dass wir während unserem ganzen Leben Neues lernen und sich unser Gehirn entwickelt. Diese Entwicklung passt sich flexibel der jeweiligen Umwelt an. Bereits Babys und Kleinkinder zeigen uns, was sie für eine optimale Entwicklung neben einer sicheren Bindung und einem verlässlichen Raum brauchen. Sie auf diesem Weg zu begleiten, bedeutet für uns, feinfühlig und offen zu sein, uns im Hintergrund zu halten und das Kind zu beobachten. So erkennen wir, welche Entwicklung unser Kind im Moment anstrebt, was für das Lernen des Kindes von Bedeutung ist und welche Anreize und Anregungen in der Umgebung es bei seiner Entwicklung unterstützen. Nehmen wir uns Zeit, unsere Kinder beim Spiel, welches sie mit grosser Ernsthaftigkeit ausführen, zu beobachten, können wir uns von ihrer inneren Kraft, ihrer Begeisterung anstecken lassen.

> *Offen sein für die Neugier und die Entwicklung des Kindes*

Angetrieben werden die Entdeckungen der Kinder von ihrer Neugier und ihrem Wunsch zu lernen und Dinge selber zu tun. Leiten wir unsere Kinder an, bestimmte Fähigkeiten zu erlernen, schränken wir sie dadurch unnötig ein. Arbeiten Eltern beispielsweise im Garten, dann tun die Kinder das ebenfalls gern. Sie entdecken dabei den Umgang mit den Gartengeräten, indem sie diese selber ausprobieren und merken, wie ihnen die Arbeit am besten gelingt. Dieses Ausprobieren ist wertvoller als unsere Instruktion, welche dem Kind vielleicht gar nicht entspricht. Sie lernen aus Begeisterung und Nachahmung, nicht nach Anleitungen.

> „Es ist ganz und gar unnötig, dass Eltern ausgefeilte Förderprogramme austüfteln, um ihren Kindern beste

Entwicklungsbedingungen zu bieten. Es reicht, wenn sie für sie da sind und Zeit mit ihnen verbringen. Kinder wollen, dass man ihr Spiel genauso ernst nimmt wie die Arbeit der Erwachsenen.

In ihrem Spiel ahmen Kinder von ganz allein all das nach, was sie bei ihren Eltern, im Kindergarten und bei Freunden erleben und was sie im späteren Leben brauchen: wie man mit Alltagsgegenständen umgeht, wie man mithilfe der Sprache vorausplant, wie man verschiedene Rollen in der Gesellschaft einnimmt und wie man soziale Regeln einhält."
(Zimpel, 2014, S. 16)

Kinder nehmen alle Eindrücke um sich herum auf und verarbeiten sie. Maria Montessori nennt es den absorbierenden Geist (Montessori, 1987). Sie passen sich an das Klima und die Kultur, in der sie leben, an. Dabei spricht Maria Montessori von sensiblen Phasen,

Lernen aus innerem Antrieb

in denen die Kinder mühelos und mit Freude verschiedene Dinge lernen, zum Beispiel die Sprache, die in diesem Lebensraum gesprochen wird. Das Kind ist aktiv. Der Anstoss für das Lernen kommt von innen. In einer anregenden Umgebung wählt das Kind aus, was es gerade für seine Entwicklung braucht. Es bestimmt selbst, was es aufnimmt.

Für Eltern ist es wichtig, die Kinder in diesen Prozessen nicht zu stören oder zu unterbrechen. Kinder brauchen Zeit, um das Entdeckte zu wiederholen, sooft sie es wollen, und dies langsam, genau und konzentriert. Sie freuen sich über die neue Errungenschaft und es ist diese erlebte Begeisterung, die mithilft, neue Lerninhalte nachhaltig im Gehirn zu verankern.

> „Unser Gehirn entwickelt sich somit nach Gebrauch – unter der Bedingung allerdings, dass das, was wir tun, unsere Begeisterung weckt und schürt!"
> (Stern, 2019, S. 16)

Mitte des 20. Jahrhunderts führten Boris und Lena Nikitin mit ihren eigenen sieben Kindern ein Experiment durch (Nikitin & Nikitin, 1984). Sie boten ihnen vielfältige Anregungen und Möglichkeiten, eigene Erfahrungen, auch schmerzhafte, zu machen. Sie haben sie gefördert, aber auch herausgefordert, ihnen jedoch immer die freie Wahl gelassen und keinen Druck auf sie ausgeübt. Tatsächlich eigneten sich ihre Kinder unglaublich viele Fähigkeiten an, konnten mühelos lernen und bereits früh mit überragenden schulischen Leistungen glänzen.

Nikitin – Kinder

Alle Kinder haben eine gute Ausbildung abgeschlossen, jedoch keines der Kinder hat später beruflichen Ehrgeiz entwickelt und Karriere gemacht. Es wird vermutet, dass ihnen im Leben der innere Antrieb fehlte, die Begeisterung für ein Engagement (Rollin, 1990). Daher stellt sich die Frage, ob es sinnvoll sei, den Kindern immer alle Wege zu ebnen, ihnen eine allumfassende Förderung zukommen zu lassen, statt ihnen die Möglichkeit zu geben, von sich aus Neues in Angriff zu nehmen, auch wenn dabei Widerstände zu überwinden sind. Der Antrieb für lebenslanges Lernen ist wichtig und den gilt es zu erhalten.

Einige Jahre später schlugen Michèle und Arno Stern einen anderen Weg ein (Stern, 2013). Sie stellten beim Zusammenleben mit ihren beiden Kindern den Wert der Gleichwertigkeit ins Zentrum. Sie verzichteten auf jegliche Belehrungen und somit auch auf den Besuch der Schule, denn das Ansammeln von Wissen stand nicht im Vordergrund. Sie unterstützten und begleiteten ihre Kinder, jene Fähigkeiten zu erwerben, die sie aus eigenem Antrieb in Angriff nahmen, schenkten ihnen volles Vertrauen und liessen sie sich frei entfalten. Aus diesem inneren Antrieb lernten die beiden Kinder mit Hingabe, Begeisterung und Ausdauer. Zudem lebten die Eltern ihnen vor, ihrer eigenen Begeisterung zu folgen. Ihre Kinder erlebten ein gemeinsames, bereicherndes Leben in Sicherheit, Geborgenheit, Verbundenheit und Vertrauen.

Bereichernde Umgebung, Vertrauen und Verbundenheit

Die Begeisterung und Lebensfreude, die sich durch diese Art des Zusammenlebens entwickelte, sind bei André Stern, der sich heute öffentlich engagiert, sichtlich spürbar, auch in seinen Büchern.

> „Ich ging nie von der Frage aus 'In welchem Fach bin ich schlecht?', um zu entscheiden, wo zu üben war, sondern tat das genaue Gegenteil: Ich durfte dort üben, wo ich aus Begeisterung schon gut war, damit ich noch besser würde. Im Lauf meiner Geschichte konnte ich dann erfahren, dass die gelebte Begeisterung eine Nebenwirkung besitzt: die Kompetenz. Und dass die Kompetenz auch eine Nebenwirkung hat: den Erfolg. Welch eine Erleichterung, davon zu erfahren, dass man sich vom gesellschaftlichen Druck des

> Erfolg-haben-Müssens befreien kann, zugunsten einer uns
> allen zugänglichen individuellen Begeisterung!"

(Stern, 2016, S. 86)

Wir brauchen vor allem Offenheit und Vertrauen, um unseren Kindern die Möglichkeit zu bieten, eine bereichernde Umgebung zu erfahren und ihre Interessensgebiete zu entdecken. Die Offenheit hilft uns, den inneren Antrieb der Kinder zu erkennen und sie auf ihrem Weg zu unterstützen, falls sie unsere Hilfe brauchen. Vertrauen hilft unseren Kindern, sich sicher zu fühlen bei dem, was sie tun. In unserer Welt, bereits in einem Haushalt, gibt es viele spannende Dinge zu entdecken und zu lernen. Kinder führen gern die gleichen Tätigkeiten wie wir aus. Haushaltgeräte spornen somit zum Erlernen neuer Fertigkeiten an. Die Kinder erkunden unsere Welt, in der wir gemeinsam leben, und brauchen keine Kinderwelt, die wir extra für sie einrichten.

> „Je reichhaltiger das Spektrum der Wahrnehmungen, Eindrücke, Denk- und Handlungsmuster ist, das ein Kind beim Heranwachsen kennenlernen darf, je vielfältiger und intensiver die Beziehungen sind, die es zu den Phänomenen seiner Lebenswelt, zu anderen Personen und anderen Lebewesen einzugehen in der Lage ist, und je vielfältiger die Gelegenheiten sind, die es zum eigenen Entdecken und Erkunden und zum spielerischen Erproben seiner eigenen Gestaltungsmöglichkeiten findet, desto komplexer werden die Verschaltungsmuster, die es in seinem Gehirn stabilisieren kann."

(Hüther, 2016, S. 24)

Kinder benötigen keine Dauerbeschäftigung. Wir trauen ihnen zu, dass sie selber wissen, was sie mit ihrer Zeit anfangen wollen, und strukturieren nicht die ganze Freizeit unserer Kinder, um ihnen möglichst viel Anregung zu bieten. Dabei können sie auch einfach nichts tun, sie dürfen sich auch langweilen. Zum einen entwickeln sie dabei ihre Frustrationstoleranz und zum anderen werden sie auf der Suche nach einer Beschäftigung oft sehr erfinderisch.

Zeit für Kreativität

Der eigene Antrieb führt uns nicht dazu, uns mit unseren Schwächen zu beschäftigen. Diese stehen nicht im Vordergrund, dürfen aber nicht ganz ausser Acht gelassen werden. Alle Kinder lernen beispielsweise schwimmen und Rad fahren. Tun sie dies nicht aus eigenem Antrieb, ermutigen wir sie dazu und unterstützen sie beim Üben. Sie lernen, dass sie sich auch bei Schwächen durch Üben verbessern können, was für ihr Leben sehr wichtig ist.

Denkanstösse:

- *In welchen Bereichen lassen wir unsere Kinder eigene Erfahrungen machen?*
- *Beobachten wir unsere Kinder und achten wir darauf, sie bei ihren Tätigkeiten nicht zu unterbrechen?*
- *Wie unterstützen wir die Neugier und den Lernwillen unserer Kinder?*
- *Achten wir darauf, dass unsere Kinder genug Zeit haben, um sich ungestört kreativ zu entfalten?*
- *Welche Interessensgebiete stehen bei unseren Kindern im Moment im Vordergrund? Wann haben unsere Kinder Zeit, sich ungestört mit diesen zu beschäftigen?*
- *Welche Schwächen haben unsere Kinder? Wie ermutigen wir sie zum Üben?*
- *Wie halten wir es aus, wenn sich unsere Kinder langweilen?*

5.2 Sinneseindrücke sammeln und verarbeiten

Über das Hören, Sehen, Fühlen, Riechen und Schmecken, also über verschiedenartige Sinne, eignen sich Babys ein Grundwissen an. Sie führen verschiedene Sinneseindrücke zusammen und machen sich so ein ganzheitlicheres Bild von ihrer Umgebung. Die Haut an den Händen und Lippen ist besonders sensibel. Darum versuchen Babys, etwa im Alter von sechs Monaten, alles in den Mund zu stecken, was sie ergreifen können. Sie erkunden dabei nicht nur unterschiedliche Materialien, sondern lernen auch ihre Bewegungen zunehmend besser zu koordinieren. Bei der ständigen Wiederholung wird das Neue eingeübt, aus kleinen „Wegen" im Gehirn werden „Autobahnen" gebaut. Durch das Gefühl von Geborgenheit und Vertrauen, welches durch die sichere Bindung entsteht, erlangen Kinder Offenheit und innere Ruhe, die für das Lernen erforderlich sind. So wird das Gelernte fest verankert. Das Gehirn erbringt dabei eine grossartige Leistung.

Lernen durch Wiederholung

Durch all diese Sinneserfahrungen ist das Kleinkind offen, sich auch weiterhin von allem, was es wahrnimmt und fühlt, anregen und bereichern zu lassen und sich immer mehr von der Bezugsperson räumlich zu entfernen, seinen Wirkungskreis zu erweitern.

> „Wenn sich das Baby von ihnen verstanden fühlt und seine Bedürfnisse nach Nahrung, Wärme, Zärtlichkeit und Anregungen erfüllt werden, fühlt es sich in ihrer Gegenwart geschützt und geborgen. Diese Sicherheit bietende Bindungsbeziehung ist die Voraussetzung dafür, dass ein Kind bereits im ersten Lebensjahr so viel Neues aufnehmen, Neues

ausprobieren, und die dabei gemachten Erfahrungen im Hirn fest verankern kann."
(Hüther, 2016, S. 109)

Denkanstösse:

- *Wann können unsere Kinder in Ruhe verschiedene Sinneseindrücke aufnehmen und verarbeiten?*
- *Erkunden und entdecken unsere Kinder aus eigenem Antrieb Neues?*
- *Erweitern sie bei ihren Entdeckungsreisen ihren Wirkungskreis?*

5.3 Bewegen

Die Bewegung spielt beim Lernen in den ersten Lebensjahren eine zentrale Rolle. Das Kind greift und be-greift seine Umwelt. Zuerst sammelt es alle Erfahrungen über den Körper. Daher ist es wichtig, dass sich das Kind frei bewegen kann, also nicht über längere Zeit eingeengt in einer Sitzschale liegt. Getragene Kinder erhalten sehr viel Anregung über die Bewegung, aber auch von all den Sinneseindrücken – Geräuschen, Gerüchen, bewegten Bildern ... – die sie aufnehmen. Sie sind offen und lassen sich von allem, was sie fühlen, anregen und bereichern.

Lernen durch Bewegung

Bewegung spielt bei der Entwicklung des Gehirns, nicht nur bei Kleinkindern, eine wichtige Rolle. Das freie Spiel und das Austoben, am besten in der freien Natur, sind für Kinder von grosser Wichtigkeit. Hinzu kommt der Kontakt zu Spielkameraden, die für neue Herausforderungen sorgen und mit denen sie gemeinsame Abenteuer erleben. Beim wilden Herumtoben spüren sie nicht nur ihre Grenzen, sondern nehmen auch die Gefühle der Spielkameraden wahr. Sie beobachten, wie andere reagieren, und lernen einfühlsame Reaktionen, die sie nachahmen.

Austoben mit anderen Kindern
Gemeinsame Herausforderungen

Kinder freuen sich, wenn sie herausgefordert werden und etwas wagen können. Wir ermutigen sie und sorgen für Sicherheit bei diesen Unternehmungen. Es ist jedoch nicht möglich und

Sicherheit

auch nicht notwendig, alles zu kontrollieren. Eltern bauen das Vertrauen zu ihren Kindern zunehmend auf und aus. Durch dieses Vertrauen, das wir unseren Kindern schenken, wächst das Selbstvertrauen der Kinder. Kinder lernen sich und ihre Grenzen immer besser kennen, lernen sich richtig einschätzen und machen ihre eigenen Erfahrungen. Kinder gewinnen ein grösseres Gefühl an Sicherheit, erleben Wohlbefinden und das Selbstvertrauen wird stärker.

Je mehr Vertrauen das Kind in seine Fähigkeiten hat, desto grösser wird seine Bereitschaft, sich auf Neues einzulassen. Äussert ein Kind den Wunsch, etwas selber zu machen, nehmen wir uns die Zeit und lassen es gewähren. Jede vorschnelle Hilfe nimmt dem Kind die Möglichkeit für das eigene Erfolgserlebnis, entmutigt das Kind. Kinder brauchen für ihre Unternehmungen Mut. Wir achten darauf, den angeborenen Mut unserer Kinder nicht zu vermindern, keine Minderwertigkeitsgefühle aufkommen zu lassen.

Mut

Je häufiger Kinder die Erfahrung machen, dass sie eine Aufgabe selber bewältigen, ein Problem selber lösen können, desto mehr fühlen sie sich selbstwirksam und desto stärker wächst ihr Selbstvertrauen. Sie vertrauen ihren eigenen Möglichkeiten und Fähigkeiten, Hindernisse zu überwinden, Probleme zu bewältigen und schwierige Situationen allein oder gemeinsam mit anderen Menschen zu meistern. Vertrauen und Selbstvertrauen entwickeln sich in einem Umfeld, das Sicherheit bietet. Unsere Aufgabe ist es, für dieses Umfeld zu sorgen.

Selbstvertrauen

Negative Erfahrungen und das selbständige Lösen von Problemen gehören bei Lernprozessen dazu. Sie bringen uns ebenfalls voran. Kinder erlangen auf diesem Weg immer mehr Selbständigkeit.

Grössere Kinder toben sich im freien Spiel, ohne dauernde Kontrolle durch die Erwachsenen, mit anderen Kindern aus. Den Kindern wird die Möglichkeit gegeben, Probleme untereinander selber zu lösen. Eltern halten sich bei Aktivitäten und Auseinandersetzungen der Kinder zurück und mischen sich nicht ein. Wir trauen den Kindern etwas zu, denn die Angst der Eltern hemmt sie bei ihren Aktivitäten. Das wilde, unorganisierte Spielen weckt nicht nur die Kreativität, die Entdeckerlust und die Fantasie, sondern regt auch die Durchblutung bestimmter Hirnareale an. Dadurch werden die Konzentrationsfähigkeit, die Geduld, das Einfühlungsvermögen und die Frustrationstoleranz gefördert. Bei Untersuchungen des Gehirns wurde festgestellt, dass aktive Kinder grössere Erinnerungszentren besitzen, welche für die Aufmerksamkeit und Selbstdisziplin zuständig sind.

> *Freies, unkontrolliertes Spiel*

Die Bewegung und das Austoben wirken sich nicht nur auf das Lernen positiv aus. Kinder, welche sich genügend bewegt haben, sind gesünder und schlafen am Abend besser ein. Ausreichender Schlaf ist zur Stärkung des Immunsystems wichtig. Kinder haben so viel erlebt und entdeckt und all diese Eindrücke des Tages werden im Schlaf verarbeitet. Das Gehirn nutzt den Schlaf, um diese Eindrücke und das neu Gelernte zu ordnen und neue Gedächtnisinhalte zu festigen.

> *Bewegung fördert guten Schlaf*

Experten empfehlen, dass der Puls täglich mindestens eine Stunde stark beschleunigt werden soll.

Der Schulweg ermöglicht den Kindern Entdeckungen zu machen und sich zu bewegen, sei es zu Fuss oder mit dem Fahrrad. Sportvereine bieten zusätzlich vielfältige Bewegungsmöglichkeiten.

Denkanstösse:

- *Welche Möglichkeiten haben unsere Kinder um sich frei zu bewegen?*
- *Wann pflegen unsere Kinder das Spielen mit anderen Kindern?*
- *Wo können sich unsere älteren Kinder ohne Aufsicht mit anderen Kindern austoben?*
- *Wie bauen wir das Vertrauen in unsere Kinder auf, um sie ihre eigenen Erfahrungen machen zu lassen?*
- *Wie ermöglichen wir, dass unsere Kinder ihre Freizeit vorwiegend in der freien Natur verbringen?*
- *Wie viel schlafen unsere Kinder?*

5.4 Spielen

Kleinkinder brauchen eine anregende Umgebung, die ihnen Möglichkeiten eröffnet, Neues zu entdecken und damit zu experimentieren und so immer neue Fähigkeiten zu entwickeln. Freude und Begeisterung beim Spielen und positive Gefühle bei neuen Entdeckungen bilden die Grundlage für das Lernen aus eigenem Antrieb. Wichtig ist, dass wir den Kindern genügend Zeit einräumen, in der sie ungestört spielen, etwas ausprobieren, erfahren und üben können. Sie tun dies mit grosser Konzentration und Ernsthaftigkeit.

Zeit für ungestörtes Spielen

„Diese wichtigen, für ihr gesamtes weiteres Leben entscheidenden Kompetenzen können Kinder nur durch eigenes Denken und Handeln, durch eigenes Entdecken und Gestalten erwerben. Und das findet vor allem dort statt, wo die meisten Erwachsenen es am wenigsten vermuten: im Spiel. Im spielerischen Umgang mit den Problemen, die wir Erwachsenen unseren Kindern gewollt oder ungewollt bescheren, bereiten sich Kinder auf das Leben vor. Dort erwerben sie neue Fähigkeiten, dort machen sie ihre wichtigsten Erfahrungen. Beim eigenen, von uns nicht überwachten und kontrollierten Spiel begegnen sie anderen Kindern, mit denen sie sich verbunden und denen sie sich zugehörig fühlen. Sie lernen Konflikte zu lösen und immer neue Herausforderungen zu meistern."
(Hüther & Hauser, 2014, S. 55)

Unsere zweitjüngste Tochter hatte sich mit ihren Puppen unter der Treppe eingerichtet. So sorgte sie selbst für einen Raum, in dem sie nicht gestört wurde.

Einfach konstruiertes Spielzeug, wie beispielsweise Klötze, unterstützt die Kinder bei der Entwicklung der Vorstellung, da es der Fantasie freien Lauf lässt. Solches Spielzeug ist vielseitig verwendbar und lässt dem Kind somit alle Möglichkeiten seiner eigenen Vorstellung offen. Es fördert die Entwicklung des abstrakten Denkens. Das Kleinkind kann sich vorstellen, wie es mit dem Bauklotz, der im Moment sein Zug ist, eine Zugfahrt unternimmt.

Einfach konstruiertes Spielzeug

> „Wenn Kinder beim Spielen in die unterschiedlichen Rollen schlüpfen oder Alltagsgegenständen eine neue, spielerische Bedeutung verleihen, fördern sie dadurch ganz automatisch ihr abstraktes Denkvermögen. Diese Fähigkeit ist die wichtigste Voraussetzung, um später beispielsweise Naturwissenschaften und Fremdsprachen zu lernen. Gleichzeitig wachsen sie dabei spielerisch in die Erwartungen ihrer Umwelt hinein, das heisst, ihre soziale Kompetenz verbessert sich."
> (Zimpel, 2014, S. 21)

Das freie Spiel und die dadurch erlebte Freude regen das Gehirn stark an. Kinder im Vorschulalter sollten wenig Spielzeug haben. Ein vollgestopftes

Übersichtliches Kinderzimmer

Kinderzimmer kann ein Vorschulkind in Stress versetzen. Es fällt dem Kind dadurch schwerer, sich länger mit einem Spielzeug zu beschäftigen. Folgendes Spielzeug eignet sich: Bausteine, ein Ball für draussen, Malutensilien und eine Wand oder Tafel zum Malen, ein robustes Musikinstrument und etwas Lebendiges oder ein Gegenstand, der etwas Lebendiges darstellt, zum Beispiel ein Stofftier. Das Stofftier ist in der Fantasie unbeschränkt verwandelbar und kann vom Kind als Spielgefährte, Tröster, Beschützer und vieles mehr eingesetzt werden. Das Kind entfaltet dabei seine Vorstellungskraft, welche für die geistige Entwicklung sehr wichtig ist, und bildet seine Persönlichkeit aus.

> „Spielmaterial für die Kreativität
> Schauen Sie mal, ob Ihr Kind genügend Stifte, Farben, Papier, Kreide und Knete besitzt. Hängen Sie leere Blätter Papier an die Wände. Bringen Sie eine Tafel im Kinderzimmer an. Schaffen Sie Platz für das Aufhängen von Zeichnungen und Fotografien. Und verstauen Sie alles so, dass Ihr Kind jederzeit allein an die Malsachen kann."
> (Zimpel, 2014, S. 68)

Weniger ist also mehr. Sich dieser Herausforderung zu stellen, erfordert Absprachen beim Beschenken der Kinder. Wir Eltern halten uns beim Schenken selber zurück. Werden wir nach den Wünschen der Kinder gefragt, gestattet uns dies, Einfluss auf das Geschenk zu nehmen. Unsere Kinder haben es geliebt, wenn sie Ausflüge ohne ihre Geschwister mit der Patin oder dem Paten unternehmen durften. Kindern Zeit schenken, etwas mit ihnen unternehmen oder zusammen

Einfluss nehmen auf Spielzeug

spielen, das fördert zusätzlich die Beziehung zueinander. Unsere zweitjüngste Tochter unternimmt mit ihrem Patenkind Zugreisen, er liebt diese Fahrten. Grössere Geschenke, zum Beispiel ein Fahrrad, ermöglichen es, dass Grosseltern und Paten sich beim Schenken zusammenschliessen. Spielsachen, welche nicht mehr gebraucht werden, entfernen wir am besten aus dem Kinderzimmer. Ein Austausch der Spielsachen ist ebenfalls möglich. Wir räumen ein Spielzeug für eine Zeit lang weg und tauschen es später mit einem anderen Spielzeug wieder aus. Spielzeugfreie Tag stellen eine besondere Herausforderung an die Kreativität. Ferien oder Reisen bieten beispielsweise ohne grossen Aufwand Möglichkeiten, mit wenig ausgewähltem Spielzeug unterwegs oder am Ferienort zu sein.

Für Kinder ab drei Jahren gewinnt das Rollenspiel zunehmend an Bedeutung. Eltern dienen oft als Vorbilder für diese Rollen. Rollenspiele bieten Kindern viele Lernmöglichkeiten im sozialen Bereich und bei der Entfaltung ihrer Persönlichkeit. Die Kinder lernen sich auf die Mitspieler einzulassen, die Absichten und Wünsche der anderen zu verstehen, bringen aber auch die eigenen Wünsche und Ideen ein. Sie lernen in einem Team etwas zu machen. Dabei übernehmen sie ganz verschiedene Rollen und erleben die Erwartungen, die in dieser Rolle an sie gestellt werden.

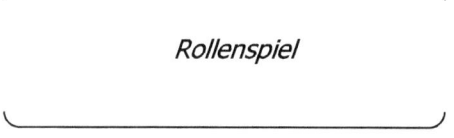
Rollenspiel

> „Wichtig ist vor allem eins: spielen. Nur im freien Spiel können Kinder sich selbst und ihre Wirkung auf andere immer wieder in neuen Zusammenhängen erproben und ihren Erfahrungshorizont erweitern. Bis aus den kleinen Eigenbrötlern echte Teamplayer geworden sind, dauert es bis weit ins

Grundschulalter. Aber die Mühe lohnt sich: Teamfähigkeit ist eine wichtige Voraussetzung für die Weiterentwicklung der Menschheit."

(Zimpel, 2014, S. 92)

Rollenspiele können auch bei der Aufarbeitung schwieriger Situationen oder bei Konflikten eingesetzt werden. Vielleicht unterstützt eine Handpuppe das Nachspielen der schmerzhaften Erfahrung. Die Rollen können beim Spielen getauscht werden. Das Kind wählt selbst, welche Rolle es beim Nachspielen des Erlebnisses übernehmen will.

Je älter die Kinder werden, desto genauer werden gemeinsame Rollenspiele besprochen und geplant. Kinder halten sich an die getroffenen Abmachungen, das Spiel entwickelt sich zu einem Regelspiel. Manchmal gelingt es Kindern im Spiel, Angst zu überwinden, und sie sind dann unglaublich stolz auf sich und ihren Erfolg. Vielleicht werden gesehene oder gehörte Geschichten nachgespielt. Dabei halten Kinder den vereinbarten Ablauf der Geschichte ein.

Regeln einhalten

Kinder lernen Regeln kennen und sich an diese zu halten, sowohl beim Rollenspiel als auch vermehrt bei Regelspielen. Sie lernen ihre eigenen Impulse zu kontrollieren. Mit der Frustration oder dem Ärger, der entsteht, wenn man bei einem Spiel verliert, lernen sie umzugehen. Gewinner und Mitspieler verhalten sich nicht abwertend. Das vereinfacht das Erlernen des Verlierens und erhält die Freude am gemeinsamen Spiel.

Denkanstösse:

- *Welche Spielzeuge besitzen unsere Kinder? Befindet sich darunter einfach konstruiertes Spielzeug, das die Fantasie anregt?*
- *Sind die Kinderzimmer übersichtlich und finden sich die Kinder darin selbständig gut zurecht?*
- *Wann haben unsere Kinder genug Zeit, um ohne Unterbrechung zu spielen?*
- *Wann und wie richten wir spielzeugfreie Tage ein?*
- *Wann nehmen wir uns Zeit, mit unseren Kindern zu spielen, mit ihnen Regelspiele zu machen?*

5.5 Musik

Lustvoll ausgeführte Bewegungen, das Malen oder der Sport regen das Gehirn an, lösen Begeisterung aus und machen den Kopf frei für geistige Tätigkeiten. Mit Musik werden diese Effekte ebenfalls erzielt. Ermüdet ein Kind beim Lernen, sind dies alles hilfreiche Möglichkeiten, das Lernen zu unterbrechen und neue Energie zu tanken.

Musik regt uns auf vielfältige Weise und unterschiedlich stark an. Hören wir mit Genuss Musik, die uns gefällt, entstehen gute Gefühle, die das Gehirn anregen. Zusammen singen und Musik hören ermöglicht es, gemeinsam schöne Gefühle zu haben, und fördert die Beziehung. Wir öffnen uns und empfinden Zusammengehörigkeit, wenn wir gemeinsam Freude erleben. Zusätzlich wirkt die Musik in unserem Gehirn positiv.

Bereits das Hören von Musik spricht Hirnareale an, jedoch sind beim Singen und Tanzen mehr Hirnareale beteiligt. Das Erlernen eines Musikinstruments trainiert zusätzlich eine Reihe von Fähigkeiten wie Feinmotorik, Koordination, Gedächtnis, Konzentration und Einfühlungsvermögen.

Musik macht Kindern Spass und ermöglicht uns zusammen Spass zu haben. Schön ist es, Lieder mit Kindern regelmässig als Rituale in den Alltag zu integrieren, zum Beispiel vor dem Essen, vor dem Schlafen und zu Festen passende Lieder zu singen. Wer sich in musikalischer Betätigung nicht sicher fühlt, kann mit den Kindern auch beim Hören von Musik mitsingen. Jegliche Form von Musizieren und Tanzen macht Freude und regt an.

Wir haben mit unseren Kindern auch beim Autofahren gesungen. Das lenkte sie ab und wir konnten verhindern, dass ihnen übel wurde.

5.6 Digitale Medien

Digitale Medien gehören zu unserem Leben dazu und werden immer präsenter. Sie stellen jedoch nicht die anregende Umgebung dar, die Kinder benötigen. Diese Geräte ermöglichen kein Erlebnis mit allen Sinnen und können Angst auslösen. Die Motivation, aus der eigenen Fantasie zu schöpfen, kann durch frühen und übermässigen Konsum verkümmern. Zudem können Kinder mehr Probleme mit der Selbstkontrolle bekommen und dadurch auch bei der Aufmerksamkeit.

Einen verantwortungsvollen Umgang mit all den unterschiedlichen Medien leben Eltern den Kindern bewusst vor und nehmen damit ihre Vorbildfunktion wahr. Kinder lernen gemeinsam mit uns die Vorzüge digitaler Medien bewusst zu nutzen und sich von Inhalten anregen zu lassen. Die Zeit der Nutzung der digitalen Medien begleiten wir. Es ist wichtig, miteinander im Gespräch zu bleiben und Interesse zu zeigen, wie das Kind Medien nutzt und in welchen „virtuellen Welten" es sich aufhält. Dabei werden zusammen mit den Kindern klare Regeln vereinbart. Kinder lernen so einen selbstbestimmten und kritischen Umgang mit all den Medien.

Jenny Niederstadt empfiehlt, Kinder unter drei Jahren nicht mit diesen Geräten in Kontakt zu bringen. Vorschulkinder sollten pro Tag höchstens dreissig Minuten unter Aufsicht erste Erfahrungen im Umgang mit digitalen Medien machen, bei Grundschülern rät sie eine Nutzung von höchstens einer Stunde pro Tag (Niederstadt, 2016). Je digitaler in der Schule gearbeitet wird, umso schwieriger wird die Begrenzung dieser Zeit zu Hause. Die Herausforderung an die Eltern nimmt somit zu, das Finden eines guten Ausgleichs wird noch wichtiger.

Bei Kindern, die sich für digitale Medien besonders interessieren, ist es sehr wichtig, den Umgang mit den Medien gut zu beobachten. Eltern können Kinder, je nach Interesse, zu einem Spiel oder einer Tätigkeit animieren, um Erfahrungen zu ermöglichen, die etwas bewirken, etwas erschaffen oder verändern, statt sich bloss unterhalten zu lassen. Die reale Welt erlangt dadurch eine grössere Anziehung, und so verbringt das Kind darin eher seine Zeit. Beispielsweise animieren wir unsere Kinder zum gemeinsamen Bau einer Hütte oder einem Lauftrainingsaufbau, um immer schneller eine festgesetzte Distanz zu schaffen.

Unser Sohn bereitete uns diesbezüglich viele Probleme, da ihn Medien mit all ihren Möglichkeiten unwahrscheinlich faszinierten. Wir achteten streng auf die Einhaltung der Regeln und unterstützten ihn, zum Ausgleich eine geeignete Sportart zu finden, was uns oft sehr herausforderte. Heute hat er seine Leidenschaft, das Programmieren, zum Beruf gemacht und betätigt sich zum Ausgleich sportlich und musikalisch.

Denkanstösse:

- *Wie sehen für unsere Kinder die Anreize in der realen Welt aus?*
- *Wozu regen wir unsere Kinder an: Sport zu treiben, zu spielen, Musik zu machen, zu singen, zu malen, zu basteln, zu bauen ….?*
- *Wie leben wir unseren Kindern einen verantwortungsvollen und kritischen Umgang mit digitalen Medien vor?*
- *Welche Inhalte der digitalen Medien erleben wir gemeinsam mit unseren Kindern?*
- *Welche klaren Regeln kennen unsere Kinder für die Nutzung digitaler Medien?*
- *Wie achten wir auf die Einhaltung dieser Regeln?*
- *In welchen „Welten" halten sich unsere Kinder auf?*

5.7 Umgang mit schmerzhaften Gefühlen

Es tut weh, wenn wir miterleben, dass unsere Kinder leiden, sei es wegen Problemen mit Freunden, in der Schule oder in der Familie. Wir greifen nicht aus dem Impuls unseres Mitleids heraus ein. Wir respektieren das Kind, trauen ihm zu, dass es sein Problem selbst lösen kann, und ermutigen es dazu. Wir zeigen Mitgefühl und Verständnis und bieten uns als Gesprächspartner an[20].

Mitfühlen statt mitleiden

Probleme lösen einen inneren Drang zur Veränderung aus und treiben dadurch die Entwicklung voran. Diesen Drang gilt es unbedingt zu erhalten und zu nutzen. „Ich will diese Situation verändern und ich kann das!" Wir unterstützen das Gefühl der Kinder, dass sie fähig sind, selbst Lösungen zu finden, Hindernisse zu überwinden und Probleme zu bewältigen, beispielsweise bei Streit mit Freunden oder Mitschülern. Sie erleben dadurch Selbstwirksamkeit. Dies stärkt ihr Selbstvertrauen und die Kinder lernen einen konstruktiven Umgang mit Schwierigkeiten und ihren eigenen Gefühlen. Sie erleben, dass wir Problemen nicht hilflos ausgeliefert sind. Zudem spüren sie unser Vertrauen in ihre eigenen Fähigkeiten. Misserfolge und Fehler zeigen den Kindern, dass es vielleicht nicht der richtige Weg war, den sie gewählt haben, dass sie neue Wege suchen können. Das gehört bei Lernprozessen dazu. So entwickeln und verbessern wir uns. Negative Erfahrungen stellen nicht unsere Kompetenzen in Frage. Die Gründe suchen wir in der Situation, denn diese kann

Selbstwirksamer Umgang mit Problemen

---

[20] Siehe Kapitel 4.2

verändert oder, wie beim Umdeuten beschrieben[21], aus einem anderen Blickwinkel betrachtet werden. So wird das Selbstvertrauen gestärkt.

Wir können unsere Kinder nicht vor dem Leben schützen, wir wollen, dass sie sich entwickeln, dass sie lernen Probleme zu lösen, damit sie gestärkt werden, um das Leben zu meistern. Daher liegt es nicht an uns, Hindernisse und Probleme für die Kinder zu beseitigen. Als Eltern begleiten wir diesen Prozess im Hintergrund, indem wir das Kind und sein Problem ernst nehmen, uns in seine Situation und seine Gefühle hineinversetzen, teilhaben, trösten, ermutigen, das Suchen von Lösungen unterstützen und daran glauben, dass das Kind diese Situation meistern kann. Unser Vertrauen stärkt sein Selbstvertrauen.

Begleitung im Hintergrund

Kinder können die Verantwortung für ihr Leben nur übernehmen, wenn wir sie ihnen geben. Jeder Lernerfolg wird sie auf ihrem Weg stärken.

---

[21] Siehe Kapitel 4.4

„Und diese Freude über eine wichtige Lebenserfahrung, die jemand gemacht hat, geht immer mit einer gleichzeitig ausgelösten Freude darüber einher, dass er oder sie lebendig ist. Die Fähigkeit zu lernen ist also nicht nur Ausdruck der eigenen Lebendigkeit. Beides, Lernen und Leben sind über das gleiche Gefühl untrennbar miteinander verbunden. Das gilt auch für den umgekehrten Fall: Wer seine Lust am Lernen verliert, dem kommt damit auch seine Lust am Leben gleich mit abhanden."
(Hüther, 2016, S. 69)

Denkanstösse:

- *Wie gelingt es uns, unseren Kindern die Verantwortung für ihre eigenen Lernprozesse und für die Lösung ihrer Probleme zu übergeben?*
- *Wann haben unsere Kinder erlebt, dass sie Probleme selbst lösen können?*
- *Wie helfen wir ihnen beim Umgang mit negativen Gefühlen?*
- *Halten wir uns bei diesem Prozess mitfühlend im Hintergrund?*
- *Wie unterstützen wir sie, die Gründe für Misserfolge zu finden und daran zu arbeiten?*

6 Kinder in den Alltag miteinbeziehen

Hilfsbereitschaft ist Kindern angeboren, sie wollen mit uns zusammen arbeiten, mit uns gemeinsam in unserer Welt leben. Für Kinder ist es ein gutes Gefühl, wenn sie helfen dürfen, wenn wir ihnen eine Aufgabe anvertrauen und ihnen zutrauen, dass sie diese bewältigen können. Der Stolz und die Freude im Gesicht des Kindes, wenn es die Aufgabe bewältigt hat, zeigt, welchen Wert diese Aufgabe für das Kind hatte. Indem wir uns beim Kind für die geleistete Arbeit bedanken, geben wir ihm nicht nur eine positive Rückmeldung, sondern wir leben ihm vor, sich auch so zu verhalten. Bei solchen Aufgaben trainieren die Kinder zudem neue Fertigkeiten und entwickeln ein Gefühl der Zugehörigkeit.

> *Hilfsbereitschaft annehmen*

Unsere Kinder haben, als sie klein waren, immer sehr gern mitgeholfen, sei es beim Putzen, Kochen oder was gerade erledigt wurde. Mein Mann hat einen kleinen Wäscheständer hergestellt, auf dem die Kinder mit viel Geduld und Ausdauer die Socken unserer Familie aufhängen konnten. Wir haben ihnen Wäscheklammern besorgt, die diese Feinmotorik Übung gut gelingen liessen.

Oft erledigen wir Aufgaben selber viel schneller. Dieser einfachere Weg versperrt aber die Chance, den Kindern das Gefühl zu geben, gebraucht zu werden. Brooks & Goldstein betonen dabei die Wichtigkeit der Wortwahl: „Ich brauche deine Hilfe." (Brooks & Goldstein, 2009). Sie raten, bereits einem Dreijährigen eine Aufgabe zu übertragen. Dies fördert das Verantwortungsbewusstsein des Kindes. Kinder nehmen sich als gleichberechtigten Teil der Familie wahr und in dieser

> *Zur Gemeinschaft gehören, gebraucht werden*

Gemeinschaft leistet jeder einen Beitrag. Wir zeigen ihnen, dass wir ihre Mithilfe schätzen. Sie bekommen ein befriedigendes Gefühl, weil sie spüren, dass sie gebraucht werden und zur Gemeinschaft gehören.

Bei meiner Arbeit als Schulische Heilpädagogin hat mich dieses starke Gefühl oft bei Kindern beeindruckt, welche auf Bauernbetrieben aufwuchsen und ohne deren Mithilfe die Arbeiten kaum zu bewältigen waren. Ein Schüler erzählte mir nach den Ferien voller Stolz, dass er während den ganzen Ferien am Bau einer Strasse mitgeholfen habe. Auf meine Frage hin, ob ihm nicht die Zeit zur Erholung gefehlt hätte, meinte er stolz, dass es wichtig gewesen sei, diese Arbeit zu machen und dass er gebraucht worden sei.

Unterbinden wir die Hilfsbereitschaft bei Kleinkindern, werden wir bei älteren Kindern nicht darauf zählen können. Kinder lernen, dass sie zur Gemeinschaft einen Beitrag leisten können und müssen, auch wenn das bei älteren Kindern oft lange Diskussionen auslösen kann. Mit gemeinsamen Absprachen regeln wir unser Zusammenleben.

Zusammenleben regeln

Denkanstösse:

- *Wie richten wir es ein, uns die Zeit zu nehmen, unsere Kinder helfen zu lassen, wenn sie helfen möchten?*
- *Welche Aufgabe übertragen wir unseren Kindern?*
- *Woran erkennt das Kind unsere Wertschätzung für die geleistete Arbeit?*
- *Wie geben wir unseren Kindern das Gefühl, zu unserer Gemeinschaft zu gehören, in der alle einen Beitrag leisten?*
- *Wie regeln wir das Zusammenleben mit älteren Kindern gemeinsam?*

7 Erziehung gibt Sicherheit

Für die Entfaltung braucht es einen verlässlichen Raum, der für Sicherheit sorgt, in dem die Kinder sich wohlfühlen, Halt finden, sich orientieren und lernen können, in dem es auch erlaubt ist, Fehler zu machen und daraus zu lernen. Sie brauchen Eltern, die sich selber sicher fühlen, um diese Sicherheit auch vermitteln zu können. Darum tragen wir zu uns Sorge und stärken uns.[22] Eltern sind die grössten Vorbilder ihrer Kinder, Kinder lernen von dem, „was" und „wie" wir etwas sagen und tun. Oft können wir uns im Verhalten unserer Kinder erkennen.

> *Sich sicher fühlen –*
> *Halt geben*

7.1 Kinder zur Verantwortung führen

Wir führen unsere Kinder bei ihrer Entwicklung zur Übernahme von Verantwortung. Es ist ein Reifungsprozess, der Zeit braucht. Wir ziehen uns immer mehr zurück, indem wir dem Kind, seinem Entwicklungsstand entsprechend, zunehmend Selbstverantwortung übergeben. Wir achten darauf, unsere Kinder nicht zu überfordern und ihnen nur so viel Verantwortung zu übergeben, wie sie übernehmen können. Auf diesem Weg erkennen wir, welcher Lernprozess für unsere Kinder im Moment ansteht, und wir fühlen uns sicher, wenn wir unseren Kindern Vertrauen schenken.

> *Übernahme von Verantwortung*
> *ist ein Prozess*

Der Loslösungsprozess beginnt bereits beim Säugling ganz natürlich und allmählich. Wir lassen uns auf diesen Prozess ein und nehmen uns als Eltern immer mehr zurück und pflegen zunehmend eine besondere,

---

[22] Siehe Kapitel 2

freundschaftliche Beziehung zu den jungen Erwachsenen. Aus einer kindlichen Bindung entsteht eine tiefe menschliche Beziehung, welche auch durch räumliche Distanz nicht verloren geht.

Erziehung bedeutet, den Raum so zu gestalten, dass sich alle Familienmitglieder darin wohl fühlen und sich sicher entfalten können. Innerer Halt wird aufgebaut.

> „Ein gefestigter innerer Halt der Erwachsenen ist die Grundlage für den äusseren Halt, den sie nun ihren Kindern weitergeben. Von den Leitlinien der Erwachsenen gehalten und geführt, beginnen auch die Kinder ihren inneren Halt aufzubauen."
> (Getzmann, 2009, S. 43)

Eltern brauchen bei der Erziehung ihrer Kinder selber inneren Halt, sowohl als Individuum als auch als Paar. Wir achten auf unsere Bedürfnisse, denn wir übernehmen sowohl Führung als auch Verantwortung. Wir kennen unsere Schwerpunkte und wissen, wo wir fixe Regeln brauchen. Es ist wichtig, dass wir uns darüber im Klaren sind, was wir wollen, damit wir möglichst wenige Regeln festlegen und diese klar vermitteln. Wir orientieren uns dabei an den gemeinsam festgelegten Werten.[23]

Regeln zur Orientierung und Sicherheit

---
[23] Siehe Kapitel 1

Für Kinder sind die Regeln verständlich, damit sie sich daran orientieren können und Halt finden. Eltern, welche ihre Haltung in einer persönlichen, klaren Sprache ausdrücken, helfen ihren Kindern, die Führung zu akzeptieren und sich im gesetzten Rahmen zu bewegen. Zudem lernen Kinder ihre Eltern zunehmend besser kennen. Regeln geben den Kindern nur Sicherheit, wenn die Einhaltung von beiden Eltern konsequent gefordert wird. Es ist sehr wichtig, dass Kinder sich auf uns verlassen können. Dies bedingt, dass Eltern miteinander im Gespräch sind und gemeinsam Anpassungen treffen, hinter denen beide stehen können.

> *Kinder kennen Regeln*

> „Unsere Kinder ehrlich zu lieben und ihnen zu geben, was sie brauchen, bedeutet auch, ihnen klare Grenzen vorzugeben, verlässliche Strukturen in ihrem Leben zu schaffen. Kinder müssen verstehen, wie die Welt funktioniert: Was erlaubt ist und was nicht. Ein klares Verständnis der Regeln und Grenzen hilft ihnen, in Beziehungen und anderen Bereichen ihres Lebens ihren Weg zu finden."
> (Siegel & Payne Bryson, 2016, S. 21)

Starre Regeln sind in der Erziehung nicht sinnvoll, sie werden laufend dem Entwicklungsstand der Kinder angepasst. Wir kennen den Entwicklungsstand unserer Kinder und wissen dadurch, wozu sie fähig sind oder welches Verhalten sie im Moment erlernen.

Entwicklungsangepasste Regeln

Bei diesem Lernprozess steht unsere Vorbildfunktion im Zentrum. Wir leben einen respektvollen Umgang und Zusammenarbeit vor. Unsere Kinder verstehen, was sie lernen und warum dies wichtig ist. Kinder brauchen ein Umfeld, in dem sie ihr Verhalten ausprobieren und in dem sie auch Fehler machen dürfen. Sie zeigen uns damit, welches Verhalten für sie nicht nachvollziehbar ist. Zudem ist nicht jedes Kind gleich. Da Kinder einen ausgeprägten Gerechtigkeitssinn haben, lohnt es sich, möglichst wenige Regeln so zu vereinbaren, dass sie von allen Kindern eingehalten werden können. Dies kann bei mehreren, verschiedenartigen Kindern eine grosse Herausforderung sein. Unsere Töchter hätten im Umgang mit digitalen Medien nicht so starre Regeln benötigt wie unser Sohn, da ihr Interesse daran kleiner war.

Eltern kennen und vertreten klar ihre eigenen, persönlichen Grenzen. „Nach dem Mittagessen brauche ich eine Pause für mich, dann bin ich wieder für euch da." Während unsere kleineren Kinder geschlafen haben, verbrachten auch die älteren Kinder diese Zeit in ihrem Zimmer, um eine Geschichte zu hören oder zu spielen. Kinder respektieren diese Grenzen, auch wenn beide Elternteile oder Grosseltern sich unterschiedlich abgrenzen. Kinder lernen dadurch den Umgang mit ihren eigenen Grenzen, da ihnen vorgelebt wird, dass wir persönliche Grenzen wahrnehmen und mitteilen. Wir unterstützen sie dabei, ihre Grenzen und Bedürfnisse zu erkennen, respektieren diese und ermutigen sie, ihren eigenen Standpunkt zu vertreten und Kritik zu äussern. Sie lernen, wie sie reagieren können, wenn ihre persönlichen Grenzen überschritten werden.

Persönliche Grenzen mitteilen

Denkanstösse:

- *Wie achten wir darauf, unseren Kindern nur so viel Verantwortung zu übergeben, wie sie übernehmen können?*
- *Wie sorgen wir für den Aufbau und die Vertiefung unseres inneren Halts?*
- *Welche Regeln sind uns bei der Erziehung unserer Kinder wichtig?*
- *Wie verfolgen wir den Lernprozess unserer Kinder?*
- *Woran erkennen wir, dass wir die Regeln der Entwicklung unserer Kinder anpassen müssen?*
- *Wie und wann leben wir vor, wie wir uns abgrenzen können?*

7.2 Unterstützendes Umfeld schaffen

Unsere Gesellschaft bietet beim Umgang mit Regeln kein verlässliches Umfeld, und dies wird sich in Zukunft vermutlich nicht ändern. Nach der Zeit der autoritären und anschliessend der antiautoritären Erziehung fehlen ein gemeinsames Erziehungsbestreben und Werte, an denen wir uns orientieren können. Der Individualismus hat zugenommen. Die zuverlässige Unterstützung durch die Gesellschaft und die Grossfamilie ist zurückgegangen. Immer mehr technologische Errungenschaften für Kinder halten sie davon ab, sich zu bewegen, kreativ und gestalterisch tätig zu sein. Wir haben die Chance, unser Familienleben nach unseren persönlichen Bedürfnissen zu gestalten.

Austausch mit anderen Eltern pflegen

Ein gegenseitiger Austausch und Unterstützung ist für Eltern wichtig. Ein Gespräch kann helfen, den eigenen Standpunkt genauer zu definieren. Eltern brauchen ein Netzwerk, das sie stärkt und auffängt. Ideal ist es, wenn diese gegenseitige Unterstützung auf den Freundes- und Bekanntenkreis ausgedehnt wird. Es ist kein Zeichen von Schwäche, wenn wir Hilfe beanspruchen, sondern ein Zeichen von Stärke.

Besitzen beispielsweise alle Schulkameraden ein Mobiltelefon, möchte unser Kind nicht zurückstehen. Diese Situation erschwert die Diskussion über den Kauf eines Gerätes für uns Eltern, wenn wir finden, dass es dafür noch zu früh sei. Das Nein wird dann zu einer grossen Herausforderung. Sehr schnell spüren Kinder unsere Unsicherheiten und versuchen, sie zu ihren Gunsten zu nutzen. Eltern gewinnen Sicherheit, indem sie sich ihrer Werte, auf Grund deren sie diese Entscheidung getroffen haben, bewusst sind.

Unser Sohn bekam von uns den Auftrag, drei gute Gründe zu nennen, warum er bereits während der Primarschule ein solches Gerät besitzen wolle. Ihm fehlten gute Argumente, und so gelang es uns, den Zeitpunkt der Anschaffung zu verzögern. Als er das Gymnasium besuchte und wir ihm die Anschaffung erlaubten, hatte er kein Bedürfnis mehr. Er hat sich erst nach der Matura sein erstes Gerät gekauft, später als seine jüngere Schwester.

Eltern dürfen sich nicht überfahren und zu einer Entscheidung drängen lassen. Selten erfordert eine Situation von uns, dass wir sofort handeln oder entscheiden. Es ist einfacher, sich Zeit zu lassen, um eine Entscheidung gut zu überlegen, als eine getroffene Entscheidung zu bedauern oder rückgängig zu machen. Entscheidungen, die laufend verändert werden, bieten dem Kind keine klare Orientierung. Ein Gespräch kann aufgeschoben werden, um sich Zeit zum Überlegen zu nehmen und um im Austausch mit dem Partner oder mit anderen Eltern Klarheit zu erlangen.

Der Verstand arbeitet sehr genau, jedoch langsam und ganz bewusst. In Situationen, in denen wir schnell reagieren wollen oder glauben dies tun zu müssen, reagiert das emotionale Erfahrungsgedächtnis sehr schnell und unbewusst.

Schnelle, unbewusste Reaktion

Diese reflexartige Reaktion wird auch als der untere Weg bezeichnet, auf dem intensive Gefühle unsere Reaktion kontrollieren und den Einbezug des Verstandes blockieren. Bei einer Gefahr ist diese schnelle Reaktion überlebenswichtig. Im Umgang mit unseren Kindern orientieren wir uns an unseren Werten, welche wir vorleben möchten. Wir handeln bewusst, spüren die Liebe zu unseren Kindern und bekommen somit gute Gefühle. Auf der Grundlage unserer

Werte, die wir festgelegt haben und genau kennen, reagieren wir. Wir belasten unsere Beziehung nicht mit unkontrollierten Gefühlsausbrüchen, denn in dieser Gefühlslage können wir unsere Kinder nicht verstehen und auf sie eingehen. Beispielsweise teilen wir ihnen mit: „Ich bin gerade sehr wütend und brauche einen Moment Zeit für mich, bis wir das klären können."

> „Das Eintauchen in den unteren Weg kann von intensiven Emotionen erfüllt sein, einschliesslich Frustration darüber, dass wir die Kontrolle verloren haben und auf dem unteren Weg festsitzen. Der niedere Verarbeitungsmodus blockiert die flexibleren Verarbeitungsmechanismen der höheren Teile des Gehirns, die man für mitfühlende Kommunikation benötigt, so dass das Finden von Auswegen aus dem unteren Weg eine wichtige Herausforderung darstellt, um eine gesunde Beziehung zu unseren Kindern aufrechtzuerhalten."
> (Siegel & Hartzell, 2014, S. 186)

In Situationen, in denen keine Gefahr droht, nehmen wir uns für die Entscheidung Zeit. Dadurch beziehen wir den oberen Teil des Gehirns – den oberen Weg – mit ein. Wir erkunden unseren Erfahrungshintergrund und geben unserem Verstand die Möglichkeit, bewusst zu analysieren und zu planen. Dabei nehmen wir uns selbst wahr und beachten unsere Gefühle, Bedürfnisse und Körperempfindungen, bevor wir Entscheidungen treffen. Ich spüre ein beengendes Gefühl in der Brust, das mir anzeigt, dass ich mich in der Handlung bedrängt fühle, dass

Zeit für bewusste Entscheidungen

ich mir für die Entscheidung Zeit nehmen soll. Beim überlegten Handeln entsteht Selbstsicherheit. Beachten wir unsere Gefühle und Bedürfnisse und setzen unseren Verstand ein, reagieren wir echt. Es bleiben keine negativen Gefühle zurück, weil wir unangemessen reagiert haben. Wir wissen, dass wir unsere Entscheidung gut überlegt getroffen haben.

Trotzdem lohnt es sich, getroffene Entscheidungen noch einmal in Ruhe zu überdenken und mit dem Partner offen über Probleme zu reden. Auch dies gibt uns Sicherheit in unseren Reaktionen.

> „Klug entscheiden heisst: Inhalte aus dem emotionalen Erfahrungsgedächtnis und bewusste Verstandestätigkeit miteinander zu koordinieren."
> (Storch M. , 2014, S. 60)

Bei der Erziehung von Kindern ist der regelmässige Austausch der Erziehenden, das offene Besprechen von Problemen, eine wichtige Grundlage.

Regelmässiger Austausch

Wir nutzten dafür fast täglich am Abend einen kurzen Spaziergang. Dieser Austausch ist nicht nur in traditionellen Familienformen wichtig. Zum Wohle der Kinder sollten auch Alleinerziehende versuchen, den Austausch mit dem getrennt lebenden Partner zu pflegen. In neu zusammengesetzten Familien braucht es zu Beginn sicher viele Gespräche, da beide Partner sich bereits auf ihrem Weg befinden, zwei verschiedene Lebensweisen aufeinander treffen.

Zudem bereichert uns ein Austausch mit anderen Eltern. Wir erkennen, dass wir mit unseren Sorgen und Ängsten nicht allein dastehen. Egal, in welcher Situation wir Kinder begleiten, über welche zeitlichen

Möglichkeiten wir verfügen, die Grundwerte der Erziehung sind festgelegt. Das gibt uns im Familienalltag Sicherheit und ermöglicht uns, intuitiv richtig zu handeln.

Möglicherweise befinden sich in der Verwandt- oder Bekanntschaft Menschen, die uns mit gut gemeinten Ratschlägen, die für uns überhaupt nicht stimmen, unterstützen wollen. Sie gehen mit unseren Kindern auch so um, wie sie es uns raten. Es kann sogar sein, dass wir mit den Erziehungsmethoden eines getrennt lebenden Partners nicht klarkommen und keine gemeinsamen Werte finden. Wir sollten uns nicht verunsichern lassen und unsere Energie nicht dafür einsetzen, das Verhalten dieser Mitmenschen zu ändern. Wichtig ist, dass wir uns auf uns selbst konzentrieren und uns um unsere eigene innere Sicherheit bemühen, im Wissen, dass wir unser Bestes geben.

Unerwünschte Ratschläge

Erkennen wir, dass wir uns verunsichern lassen, dann bemühen wir uns darum, dass wir unsere innere Sicherheit zurückgewinnen. Wir kennen uns selbst am besten und wissen, was uns dabei hilft. Dadurch können wir unseren Kindern eine sichere, zuverlässige Umgebung bieten und darauf vertrauen, dass ihre Widerstandskraft gegenüber fremden Einflüssen gestärkt wird.

> „Bekommen nun gesunde Eltern von verschiedener Seite entsprechenden Druck, ist die Gefahr gross, dass sie gegen ihre Intuition handeln und ebenfalls beginnen, ihre Kinder mit anderen Augen zu sehen."
> (Winterhoff, 2009, S. 50)

Denkanstösse:

- *Wie schaffen wir es, uns Zeit zu nehmen, um Entscheidungen bewusst zu treffen und miteinander zu besprechen?*
- *Wie unterstützen wir uns gegenseitig?*
- *In welchem Rhythmus tauschen wir uns über den Alltag mit unseren Kindern aus?*
- *Wann pflegen wir Kontakt und Austausch mit anderen Eltern?*

7.3 Frühe Unabhängigkeit

Es gibt Kinder, die schon extrem früh selbständig und unabhängig sein wollen. Sie wollen nicht nur alles selber tun, sondern auch selbst für sich entscheiden. Sie bedeuten für Eltern eine besondere Herausforderung, da sie noch nicht reif sind, alle Entscheidungen für sich selbst zu treffen und wir den Willen dieser Kinder nicht einfach brechen dürfen. Hilfreich ist es, wenn wir, wann immer möglich, genügend Zeit für das selbständige Ausprobieren einplanen. Sollten bei der Ausführung Probleme auftreten, können wir verschiedene Möglichkeiten vorschlagen, damit das Kind selbst auswählen kann, welche Hilfe es beanspruchen will.

Zeit für selbständiges Handeln

Wir besitzen eine eindrückliche Filmsequenz, welche unsere jüngste, ungefähr einjährige Tochter zeigt, wie sie eine Strumpfhose selbständig anziehen will. Jede Hilfe lehnt sie vehement ab und zeigt am Schluss stolz, dass sie die Strumpfhose anhat, wenn auch verkehrt.

7.4 Feinfühlige, sensible Kinder

Jedes Kind hat seine besonderen Fähigkeiten, Eigenheiten und Besonderheiten. Vielleicht entspricht die Wahrnehmung unseres Kindes nicht unserer eigenen. Es reagiert beispielsweise sehr sensibel auf seine Umgebung und darauf, was um es herum passiert. Zudem nimmt es auch unsere Gefühle sehr stark wahr. Ganz besonders sind wir daher gefordert, gut zu uns selbst zu schauen, damit unser Kind spürt, dass es uns gut geht. Wir verstehen unser Kind besser, wenn wir ihm aus ganzem Herzen aufmerksam zuhören und seine Wahrnehmung ernst nehmen.

Nehmen wir unser Kind so an, wie es ist, lassen wir uns einfühlsam auf seine Welt ein, kann es sich uns öffnen und wir erschliessen eine für uns neue Welt.

> „Um ein aussergewöhnliches Kind grosszuziehen, muss man bereit sein, sich auf ein aussergewöhnliches Kind einzulassen."
>
> (Aron, 2019, S. 16)

Erachten wir seine Wahrnehmung als falsch, hört das Kind vielleicht auf, seiner eigenen Wahrnehmung zu vertrauen, und es bekommt ein Gefühl, nicht richtig zu sein, oder denkt, dass mit ihm etwas nicht stimmt. Das Kind ist zwar anders, aber es ist trotzdem gut so, wie es ist, und wir sorgen dafür, dass es sich auch gut fühlt. Wir nehmen das Kind an, wie es ist, damit es sich auch so annehmen kann, wie es ist, und sich für sein Fühlen und sein Verhalten nicht schämt.

Bei einer Reizüberflutung, wenn es beispielsweise sehr laut ist, reagiert das Kind vielleicht mit Angst und zieht sich zurück oder es wird wütend, rastet aus und ist kaum mehr zu beruhigen. Möglicherweise reagiert es mit körperlichen Beschwerden wie Bauchschmerzen. Wir sind ganz besonders gefordert, ruhig und geduldig zu bleiben, dem Kind Zeit und einen Ort für den Rückzug zu geben.

Eine besondere Herausforderung bedeutet möglicherweise der Schuleintritt, vor allem wenn das Umfeld nicht beruhigend und verlässlich gestaltet ist. Oft fehlt im Unterricht die Zeit für einfühlsame Gespräche, damit das Kind so viel Vertrauen fassen kann, um sich zu öffnen. Unverstandene Kinder ziehen sich dann oft zurück oder reagieren aggressiv.

7.5 Gemeinsame Mahlzeiten pflegen

Gemeinsame Mahlzeiten sind wichtig, belasten jedoch manchmal den Familienalltag, da die Vorstellungen der Eltern und der Kinder weit auseinander liegen. Ein Säugling erlebt die Geborgenheit bei Mahlzeiten in besonderem Masse durch die Nähe, die er zusätzlich spüren darf.

Gemeinsames Essen positiv erleben

Auch das gemeinsame Essen mit älteren Kindern sollen alle positiv erleben, als schönes Zusammensein. Zum einen trifft sich die ganze Familie und wir tauschen uns in einer entspannten Atmosphäre aus. Zum anderen werden gesunde Mahlzeiten genossen. Kinder übernehmen von ihren Eltern einen achtsamen Umgang mit Nahrungsmitteln, sind neugierig, was Eltern und Geschwister genussvoll essen, und wollen es auch versuchen. Da Kinder sich an einen neuen Geschmack und eine neue Konsistenz zuerst gewöhnen müssen, ist es hilfreich, Kinder aus einer Vielfalt wählen zu lassen. Sie nehmen wahr, welche Lebensmittel sie gern haben, erweitern dabei zunehmend ihre Geschmackserfahrungen und lernen, wie viel Nahrung sie brauchen, damit sie sich gut fühlen. Sie kennen ihre Bedürfnisse und ihre Grenzen immer besser. Durch übermässigen Druck und Zwang sorgen wir für eine schlechte Stimmung bei den Mahlzeiten und verhindern, dass Kinder selber herausfinden, was ihnen gut tut und dass Essen ein Genuss ist.

Mit der Zeit lernen Kinder so viel auf den Teller zu nehmen, wie sie essen können.

Gelassenheit im Umgang mit Essgewohnheiten

Falls sie unsicher sind, ob sie das Gekochte gern haben, können sie sich wenig schöpfen, um das neue

Essen zuerst zu versuchen. Allgemein haben wir unseren Kindern empfohlen, lieber wenig auf den Teller zu tun und dann dafür nochmals zu nehmen, falls sie nicht satt sind.

In Lagern mit Kindern hat es mir oft Mühe bereitet, wenn Kinder eine riesige Menge geschöpft haben und dann ein grosser Teil weggeworfen wurde. Unser Sohn wollte als Kleinkind viele Lebensmittel nicht essen. Er hat sie auf unseren Wunsch hin jedoch versucht. Heute isst und probiert er problemlos alles. Mit Gelassenheit können wir die Essgewohnheiten der Kinder beobachten. Ein genaueres Hinsehen wird bei Unverträglichkeiten oder plötzlichen Gewichtsveränderungen erforderlich.

Denkanstösse:

- *Wie gelingt es uns, unsere Kinder so selbständig wie möglich handeln zu lassen? Welchen Einfluss übt dies auf unseren Tagesablauf aus?*
- *Wie lernen wir die Welt unseres Kindes kennen?*
- *Wie sorgen wir für eine entspannte Atmosphäre bei den Mahlzeiten?*
- *Wie lassen wir unsere Kinder Essen als Genuss erleben?*
- *Bekommen unsere Kinder Möglichkeiten neue Nahrungsmittel zu probieren und ihre Essgewohnheiten zu verändern?*

8 Als Familie auf dem Weg

Wir wünschen uns, dass unsere Kinder einen Platz im Leben und in der Gesellschaft finden. Daher zielt die Erziehung darauf ab, ein Gemeinschaftsgefühl zu entwickeln, respektvollen Umgang zu lernen und zu erleben, dass alle einen Beitrag zur Gemeinschaft leisten, dass wir zusammenarbeiten. Kinder lernen die Regeln und die Ordnung des Zusammenlebens kennen und respektieren. Die Familie ist der Ort, an dem soziales Lernen stattfindet. Hier erleben Kinder das erste Mal, dass nicht alle Menschen gleich denken und handeln. Sie lernen, dass sie selber wichtig sind, andere Menschen jedoch auch. Die Auseinandersetzung mit anderen Perspektiven bereichert unsere eigene Sichtweise und wir üben, uns in andere einzufühlen.

Gemeinschaftsgefühl

Gemeinsam wird vielleicht erreicht, die Wohnung so zu gestalten, dass sich alle wohl fühlen. Bei Unternehmungen, Erlebnissen oder Spielen haben alle zusammen Spass, das verbindet. Beispielsweise arbeiten wir mit allen Kindern zusammen auf ein Ziel hin, wir suchen gemeinsam Holz, um ein Feuer zu entfachen, oder bauen mit Bauklötzen gemeinsam eine Stadt. Die Entscheidungen über gemeinsame Aktivitäten treffen wir zusammen mit den Kindern. Vielleicht listet jedes Kind vor den Ferien auf, was es gern unternehmen würde, als Grundlage für eine gemeinsame Feriengestaltung. Alle beteiligen sich, übernehmen Verantwortung und erleben Freude. Ein Zusammengehörigkeitsgefühl, ein Gefühl der Verbundenheit ohne Konkurrenz entsteht.

> „Dieses Prinzip des Freudefaktors gilt auch für die Erfahrung, die Sie Ihren Kindern als Geschwister ermöglichen. Neue Studien haben herausgefunden, dass die beste

Voraussetzung für gute Beziehungen unter Geschwistern im weiteren Leben darin besteht, dass sie als Kinder die gemeinsame Zeit genossen haben. Es kann sogar viele Konflikte geben, wenn sie ausreichend Freude miteinander erleben, um es auszugleichen."
(Siegel & Payne Bryson, 2016, S. 176)

Gemeinsam besprechen wir auch Situationen anderer Menschen, damit wir uns in sie einfühlen und sie besser verstehen können. Ob wir uns das Leben im Rollstuhl vorstellen oder das Leben in einem anderen Land, in das wir reisen, wichtig ist, dass wir uns auch über andere Menschen und deren Leben Gedanken machen. Das Einfühlungsvermögen unserer Kinder entwickelt sich dadurch, zudem lernen wir uns gegenseitig besser kennen.

Die Bindung zu Geschwistern entsteht bereits vor ihrer Geburt. Die Eltern teilen mit den Kindern die Freude über das heranwachsende Geschwister-

Geschwisterliebe

chen. Während der ersten Zeit nach der Geburt stärkt die Liebe zu diesem kleinen, hilflosen Geschöpf diese Bindung.

Das Neugeborene spiegelt sich nicht nur in den Eltern, sondern auch in älteren Geschwistern. Durch das Lächeln der Geschwister und ihre liebevolle Fürsorge baut es die Liebe zu ihnen ebenfalls auf. Geschwister verbringen sehr viel Zeit miteinander, in der diese Bindung sich verstärkt und die Liebe wächst. Sie bildet die Grundlage, die hilft, Belastungen besser zu ertragen. Unsere Fotos, auf welchen der zärtliche Umgang unserer Kinder miteinander festgehalten ist, erwärmen immer wieder mein Herz. Unsere beiden ältesten Kinder mussten nach einer intensiven, gemeinsamen Kinderzeit während der Pubertät eine neue Form miteinander finden, was viele unschöne und schmerzhafte Situationen verursachte. Das war sehr schwierig. Ihre innige Beziehung wurde stark auf die Probe gestellt.

Bei Bedrohung von aussen stehen Geschwister zusammen und schützen und stärken sich gegenseitig. Das kleine Wesen nimmt jedoch immer mehr Raum ein. Jedes Kind grenzt sich mehr und mehr ab und findet seine ei-

Geschwisterrivalität

gene Identität. Es entsteht ein Rivalitätskampf, der anspornt, der diese Bindung aber auch stark belasten und

manchmal sogar überbelasten kann. Die Nähe zu Geschwistern birgt auch eine grosse Verletzlichkeit. Geschwister kennen voneinander die Schwächen und können sich nicht einfach ganz aus dem Weg gehen. Jedes Kind versucht den grössten Platz im Herzen seiner Eltern zu ergattern und bedient sich dabei der Mittel, die ihm zur Verfügung stehen. Bei diesem Konkurrenzkampf können wir versuchen, jedem Kind gerecht zu werden. Aus dem Blickwinkel jedes Kindes gerecht zu sein, ist jedoch unmöglich. Das Kind erlebt Wut und Enttäuschung und lernt mit diesen Gefühlen umgehen. Wir helfen ihm dabei, indem wir seine Gefühle ernst nehmen und Trost spenden, uns jedoch nicht rechtfertigen. Fühlt sich das Kind angenommen und geliebt, gelingt ihm der Umgang mit negativen Gefühlen besser. Konkurrenzdenken kann auch vermindert werden, indem jedes Kind für seine Bemühungen ausreichend Anerkennung bekommt.

> „Eine wichtige Keimzelle gesellschaftlicher Veränderung ist die Familie. Die sozialen Normen, die wir hier erlernen, prägen uns ein Leben lang, genau wie die emotionalen Wunden, die wir hier bekommen. Es ist nicht unsere Aufgabe, perfekte Eltern zu sein, denn Enttäuschungen und Verletzungen gehören zum Leben nun mal dazu. Und doch, oder gerade deshalb, tun wir gut daran, bewusst mit emotionalen Ladungen umzugehen. Kinder erleben Überforderungsmomente genau wie wir Eltern. Das ist nicht nur normal, es ist auch gar nicht schlimm, wenn wir das Rüstzeug haben, damit umzugehen."
> (Dittmar, 2018, S. 261)

Geschwister geben sich gegenseitig die Möglichkeit viel zu lernen. Ältere Geschwister sorgen sich einfühlsam um jüngere, während die jüngeren Geschwister zu den älteren bewundernd aufschauen und versuchen ihnen nachzueifern. Die grossen Vorbilder entwickeln Freude und Stolz auf ihre Fähigkeiten, die bewundert werden. Sie verhelfen ihren jüngeren Geschwistern ebenfalls zu positiven Gefühlen, indem sie an deren Erfolgen teilhaben. So bauen die Kinder die Liebe zu sich selbst auf und entwickeln ihre eigene Identität.

Aufbau von Selbstliebe

Die ersten Erfahrungen mit einer längeren Trennung werden oft mit den Geschwistern gemacht. Nach einer intensiven Zeit des Zusammenseins muss das jüngere Kind das inspirierende Geschwister loslassen. Das ältere Kind darf im Kindergarten eine neue Welt entdecken. Es lässt sein Geschwister zurück, muss die neue Welt allein erforschen. Zudem ist es sich bewusst, dass das Geschwister die Mutter während der Zeit, in der es weg ist, ganz für sich allein hat. Bei uns freute sich unsere älteste Tochter, dass sie das Spielen mit Puppen mit ihrer jüngeren Schwester noch einmal in vollen Zügen ausleben und geniessen konnte. Auch die Liebe zu ihrer jüngeren Schwester und neuen Spielkameradin erleichterte ihr das Loslassen des älteren Bruders.

Trennungserfahrung

Wir beeinflussen diese positive Entwicklung durch unser Verhalten. Nutzen wir das natürliche Lernumfeld der Familie, so helfen wir jedem Kind dabei, seine Individualität und seine Selbstliebe zu entwickeln. Dazu gehört, das Kind bei seiner Entwicklung zu begleiten, es zu unterstützen, seine eigenen Stärken zu entdecken und entfalten zu lassen[24]. Jedes Kind fühlt sich angenommen, so wie es ist. Wir fördern die Konkurrenz unter den Kindern nicht zusätzlich. Kinder haben unterschiedliche Stärken. Mit einem guten Selbstvertrauen entdeckt jedes Kind seinen eigenen Weg, auf dem es seine Stärken einsetzen kann.

> *Jedes Kind fühlt sich angenommen, so wie es ist*

Vergleichen wir Kinder untereinander, dann werten wir. Es kann einem Kind sehr schwer fallen, eigene Stärken zu entdecken, wenn es das Gefühl hat, das Geschwister sei ihm in allen Bereichen überlegen, es gelinge ihm nie, das Gleiche zu erreichen. In diesem Fall ist das Kind ganz besonders darauf angewiesen, dass es unterstützt wird, seine Stärken zu entdecken und eine Kompetenzinsel[25] zu finden und zu pflegen. Bei Geschwistern geschieht dies oft dadurch, dass sich jedes Kind eine eigene Nische sucht, in der es sich entfalten und entwickeln kann, beispielsweise bei der Wahl einer anderen Freizeitaktivität. Vielleicht erfolgt dies unbewusst, um nicht dauernd verglichen zu werden. Mit Vergleichen schaden wir der Stimmung in der Familie, schüren das Konkurrenzdenken und verhindern, dass Kinder sich verbunden fühlen, ein

> *Blick auf Einzigartigkeit richten*

---

[24] Siehe Kapitel 3.2
[25] Siehe Kapitel 3.2

Gemeinschaftsgefühl entwickeln und jedes seine Verantwortung innerhalb der Gruppe übernimmt.

Ein harmonisches Familienbild entspricht oft nur unseren Wunschvorstellungen. Schwierigkeiten ergeben sich, wenn Menschen eng zusammenleben. Interessens- und Meinungsverschiedenheiten sind normal. Die Geschwister sind für die Entwicklung zugleich Chance als auch Risiko. Im Gegensatz zu späteren Beziehungen setzen sich Geschwister miteinander auseinander, da sie sich nicht ausweichen können. Sie lernen mit verschiedenen Meinungen umgehen, andere Sichtweisen verstehen, Einfühlsamkeit entwickeln, sich gegenseitig achten und als gleichwertig betrachten.

Verschiedene Meinungen und Interessen

Bei Familien mit mehreren, verschiedenartigen Kindern ist es sehr schwierig, allen gerecht zu werden. Alle sollen ihre Bedürfnisse äussern und wir versuchen gemeinsam einen Weg zu finden, der für alle passt. Jedes Kind sucht sich seinen Platz und grenzt sich in seiner Identität gegenüber seinen Geschwistern ab. Geschwisterbeziehungen sind oft von Gegensätzen geprägt, Liebe und Hass, Konkurrenz und Toleranz. Rivalitäten unter Geschwistern führen zu Konflikten. Dies ist nicht zu vermeiden. Oft entstehen Konflikte, wenn ein Kind benachteiligt wird oder sich benachteiligt fühlt. Die Wut über die Benachteiligung richtet sich dann oft gegen Geschwister.

Konstruktiven Umgang mit Konflikten lernen

Lernen Kinder Konflikte konstruktiv zu lösen, dann hilft ihnen das im Leben im Umgang mit Menschen, die über ganz andere Werte verfügen. Jedes

Kind erklärt seine Sichtweise der Situation. Sie erkennen, dass ihr Gegenüber die Situation aus einem anderen Blickwinkel betrachtet, sie anders einschätzt. Sie eignen sich an, sich in die Situation und in die Gefühle eines anderen Menschen zu versetzen, andere Sichtweisen und Bedürfnisse zu akzeptieren. Sie lernen aber auch eigene Wünsche und Bedürfnisse zu formulieren und gemeinsam eine Lösung zu finden.

> „In der richtigen Dosis funktionieren Streit und Rivalität unter Geschwistern wie eine Impfung fürs spätere Leben: Streitende Geschwister lernen zu argumentieren und zu verhandeln, die eigenen Stärken und Schwächen einzuschätzen, Gefühle zu regulieren, aggressive Impulse zu kontrollieren. Im besten Fall eignen sie sich Toleranz und Fairness an, Kompromissbereitschaft und Empathie."
> (Kindel, 2016, S. 126)

Grundsätzlich mischen wir uns nicht in den Streit der Kinder ein. Wir geben den Kindern die Möglichkeit und die Verantwortung, ihre Konflikte selbst zu lösen. Es ist nicht einfach, zu erkennen, wann ein Eingreifen trotzdem erforderlich ist. Wir sind uns bewusst,

Klare Regeln einhalten bei Streit

dass Kinder dem Streit schlecht ausweichen können und dass sie in dieser starken Bindung sehr verletzlich sind. Daher beobachten wir die Situation genau, um zu erkennen, wann wir eingreifen müssen. Durch klare Regeln legen wir fest, was in Konflikten erlaubt ist. Zum Beispiel: „Jeder Streit wird gewaltfrei ausgetragen." Wird eine Regel nicht eingehalten oder ein Kind anhaltend unterdrückt oder gedemütigt, dann braucht das Kind Schutz und Hilfe. Es darf nicht auf sich allein gestellt und ausgeliefert sein.

Eltern müssen eingreifen. Das Kind erkennt, dass es auch wichtig ist und geliebt wird. Mir haben leider manchmal die Energie und die innere Ruhe gefehlt, immer wieder angemessen zu reagieren, wenn es nötig war. Ich habe mich nach einem anstrengenden Tag oft zurückgezogen und hätte besser mit meinem Partner nach einer Lösung gesucht.

> „Einige Anzeichen können den Eltern helfen, zwischen gewöhnlichen Reibereien unter Geschwistern und Gewalt oder Unterdrückung zu unterscheiden. Eltern sollen sich folgende Fragen stellen:
> - Existiert ein bedeutender Alters- oder Machtunterschied zwischen den Kindern?
> - Wird die Gewalt mit der Absicht angewendet, über den Anderen zu bestimmen, um z. B. das Geschwisterkind zum Gehorsam zu zwingen oder ihm vorzuschreiben, wie es sich zu verhalten hat?
> - Ist die Gewalt durch emotionales Unter-Druck-Setzen gekennzeichnet?
> - Eskaliert die Gewalt, kommt es zu Verletzungen?
> - Ist die Gewalt mit festgelegten Rollenverteilungen verbunden: stark – schwach, bestimmen – befolgen?
> - Wird die Gewalt von Geschlechtsstereotypen bestimmt, wie z. B.: 'Mädchen müssen die Jungen bedienen'?"

(Omer & von Schlippe, 2010, S. 147)

Eltern treten als Vermittler auf, nicht als Schiedsrichter. Sie verhalten sich unparteiisch. Im Vordergrund stehen die Fragen: „Wie könnt ihr euch wieder versöhnen? Was braucht ihr dazu?" Nachdem jeder seine Sicht erzählt hat, geht es vor allem darum, dass jeder versucht, die Perspektive und die Gefühle des anderen ernst zu nehmen und zu verstehen, um gemeinsam einen Kompromiss zu finden. Nur wer versteht, warum der andere wütend oder traurig ist, kann den Willen zur Wiedergutmachung entwickeln. Kann ein Kind die Gefühle des Geschwisters nicht verstehen, unterstützen wir es dabei durch Nachfragen: „Wenn dir das passiert wäre, wie würdest du dich fühlen?"

> *Eltern als unparteiische Vermittler*

Die vier Schritte der Gewaltfreien Kommunikation führen uns durch das Gespräch[26]. Wir sind uns bewusst, dass vieles geschieht, was wir Eltern gar nicht wahrnehmen. Daher kann unser Parteiergreifen sehr ungerecht ausfallen. Grenzüberschreitungen gilt es jedoch zu stoppen. Wir sind bei der Lösung des Konflikts unparteiisch dabei, ohne Stellung zu beziehen. Unsere Aufgabe besteht darin, das Gespräch zwischen streitenden Geschwistern in Gang zu bringen und zu begleiten. Wir achten besonders auf unser Verhalten bei der Konfliktlösung und nehmen uns bewusst zurück.

---

[26] Siehe Kapitel 4.4

Wir konzentrieren uns auf folgende Aufgaben:

„1. Sich vollkommen aus dem Konflikt heraushalten.
2. Türöffner, Aufforderungen zum Sprechen.
3. Aktives Zuhören."

(Gordon, 1989, S. 272)

Eltern leben ein einfühlsames Verhalten und eine offene Kommunikation vor. Regelmässige Familienkonferenzen beeinflussen das Klima in der Familie positiv. Die Familie richtet ein Treffen für einen Austausch regelmässig zu einer festgelegten Zeit ein. Alle bringen ihre Meinung und ihre Anliegen ein. Regeln handeln wir gemeinsam aus und setzen damit Demokratie um und üben sie. Diese Treffen werden nicht nur einberufen, um anstehende Konflikte zu lösen, sondern es werden gemeinsame Unternehmungen sowie Ferien geplant und Wünsche geäussert.

Regelmässige Familienkonferenzen pflegen

Probleme, die alle betreffen, sprechen wir an, bevor sie eskalieren und wir zu keiner Lösung mehr bereit sind. Wer Probleme anspricht, sollte auch einen Lösungsvorschlag bereithalten und so Verantwortung für das Familienleben übernehmen. Das Gespräch gelingt besser, wenn nicht bereits angestaute Wut das Klima trübt. In entspannter Atmosphäre können Entscheidungen getroffen werden, die für alle gut annehmbar und umsetzbar sind und dem Wohl der Familie dienen. Sie gelten, bis die nächste Familienkonferenz stattfindet und können erst dann neu diskutiert werden.

Kinder und Eltern übernehmen gleichermassen die Verantwortung, wenn sich die Lösung als schwer umsetzbar erweist. Darum ist es wichtig, dass die Frage lautet: „Was können *wir* tun?" Wir überlegen, wie es allen gelingt, sich an die Vereinbarungen zu halten und welche Konsequenzen eine Nichteinhaltung der Abmachung nach sich ziehen würde. Bei uns drehten sich viele Gespräche um die Arbeiten, welche die Kinder zu erledigen hatten. Die Arbeitsverteilung stellte oft eine grosse Herausforderung dar, die immer wieder Anlass zu neuen Diskussionen gab.

Während der Pubertät steht das Streben nach Unabhängigkeit im Vordergrund, was die Gesprächsbereitschaft nicht fördert und das Zusammenleben belasten kann. Zudem laufen im Gehirn Reifungsprozesse ab. Die Impulskontrolle ist betroffen und das Einfühlen in andere Menschen kann erschwert sein. Dies wirkt sich wiederum negativ auf das Zusammenleben aus. Die Jugendlichen lernen zunehmend, ihre Impulse unter Kontrolle zu halten und überlegt zu handeln. Je verschiedenartiger die Kinder sind, desto schwieriger ist es, gemeinsam nach Lösungen zu suchen. Wir begleiten den Schritt in die Selbständigkeit. Trotzdem handeln wir Regeln für das Zusammenleben aus und achten auf deren Einhaltung.

> *Selbständigkeit und Regeln des Zusammenlebens*

Die Jugendlichen befinden sich auf der Suche nach ihren eigenen Werten, an denen sie sich orientieren. Werte geben uns im Leben Halt, beeinflussen unser Verhalten und auch die Erwartungen an unsere Mitmenschen. Regeln in der Familie helfen bei der Umsetzung gemeinsamer Werte, zum Beispiel der Ehrlichkeit. Dazu könnte folgende Regel festgelegt werden: In unserer Familie reden wir offen und stehen zu Fehlern, die wir gemacht haben.

In welcher Familiensituation wir auch leben, sie bietet Lernmöglichkeiten, mit ganz unterschiedlichen Menschen einen gemeinsamen Weg zu finden.

Sein Gegenüber respektieren

Wer es schafft, diese Möglichkeiten zu nutzen, lernt sehr viel für das Leben im Erwachsenenalter. Oft sind wir im Leben gefordert, uns mit andersartigen Menschen arrangieren zu können. Dabei vertreten wir unseren eigenen Standpunkt, können uns aber auch in die Sichtweise des Gegenübers versetzen und diese respektieren. Gerade in der Arbeitswelt ist diese Kompetenz von grossem Nutzen.

Für Kinder, welche ohne Geschwister aufwachsen, ist es besonders wichtig, dass sie viel Zeit mit anderen Kindern verbringen, um soziale Kompetenzen zu erwerben. Ihnen fällt es vielleicht schwer, Konflikte selbst zu lösen. Dabei ermutigen wir sie. Konfliktlösungen können auch nachträglich gemeinsam besprochen werden, um mit dem Kind andere Strategien zu finden.

Einzelkinder

Denkanstösse:

- *Wann und wie planen wir gemeinsame Aktivitäten, die allen Spass machen?*
- *Welche Gelegenheiten nutzen wir, um zusammen Freude zu erleben?*
- *Wie beschreiben wir die Stärken und Einzigartigkeit jedes unserer Kinder?*
- *Welche Regeln klären, was in Konfliktsituationen erlaubt ist?*
- *Wie setzen wir uns für die Einhaltung dieser Regeln ein?*
- *Geben wir unseren Kindern die Chance, Konflikte selber zu lösen?*
- *Wie pflegen wir eine offene Kommunikation und regelmässige Familienkonferenzen?*

9 Probleme als Chancen nutzen

Pflegen wir mit unseren Kindern einen liebevollen und respektvollen Umgang und freuen uns, über ihre Entwicklung und Einzigartigkeit, wie ich es in den vorangehenden Kapiteln beschrieben habe, dann kommt diese Umgangsform auch in schwierigen Situationen zum Tragen. Probleme und Konflikte können wir nicht vermeiden, aber wir bemühen uns, sie zusammen mit unseren Kindern zu lösen und dabei die Verbindung zu ihnen aufrechtzuerhalten. Kinder erfahren, dass schwierige Situationen gelöst werden können und sie sich darauf verlassen können, dass Verletzungen und Konflikte ernst genommen und wiedergutgemacht werden. Sie erkennen, dass die Beziehung Belastungen standhält und die Verbundenheit erhalten bleibt.

Indem wir uns für unsere Kinder öffnen, ihnen zuhören und ihre Sichtweise verstehen, werden wir uns auch bewusst, welche Perspektive wir selbst einnehmen. Zudem ergründen wir, warum sie sich so verhalten haben, welche Lernchance diese Situation bietet. Wir gewinnen im Umgang mit unerwünschtem Verhalten immer mehr Sicherheit und regeln es nicht einfach möglichst schnell, sondern gemeinsam mit unseren Kindern, flexibel, der Situation angepasst. Wir bleiben dadurch in Verbindung mit unseren Kindern, helfen ihnen, ausgeglichener zu werden, und fördern ihre Problemlösefähigkeit.

> „Wenn sich Kinder unangemessen verhalten, teilen sie genau genommen mit, an was sie arbeiten müssen – was noch nicht entwickelt wurde oder bei welchen speziellen Fähigkeiten sie Übung benötigen."
> (Siegel & Payne Bryson, 2016, S. 101)

Meistens ist es schwierig, gelassen zu reagieren, wenn wir eine Situation erleben, die wir mit unserem Kind bereits mehrmals besprochen haben. Vielleicht hilft es uns, wenn wir daran denken, dass Kinder Zeit und Unterstützung brauchen, um diese Fähigkeiten noch zu üben. Nur wenn wir es schaffen, gute Gefühle zu haben und selber ruhig zu bleiben, gelingt es uns auch, uns mit unseren Kindern zu verbinden, so dass sie erkennen, dass wir sie in ihrer Not wahrnehmen.

Grundsätzlich wollen unsere Kinder mit uns zusammenarbeiten. Reagieren sie unangepasst, dann erkennen wir eine Unsicherheit unserer Kinder. Wir wenden uns dem Kind zu, begeben uns auf Augenhöhe und geben ihm Zuwendung und Trost. Dabei achten wir auch auf unsere nonverbalen Botschaften, denn einen bösen Blick von uns empfinden Kinder als bedrohlich. Bewusst nehmen wir wahr, welche Gefühle wir aussenden. Unsere Körperhaltung soll weder als bedrohlich noch als einengend empfunden werden. Merken wir, dass wir in schlechter Stimmung sind, dann ist der Zeitpunkt zum Reagieren noch nicht gegeben und wir nehmen uns Zeit, um Liebe für unser Kind zu empfinden. Das ist die Umgebung, die unserem Kind Sicherheit vermittelt und die das Lernen ermöglicht.

Wir anerkennen und verstehen seine Gefühle, indem wir ergründen, warum unser Kind sich so verhalten hat, welche Unsicherheit hinter seinem Verhalten steht. „Ich verstehe, dass du traurig bist, du wolltest nicht, dass Papa weggeht." In schwierigen Situationen sind das aktive Zuhören und das Spiegeln der Gefühle besonders wichtig, damit sich Kinder gehört und verstanden fühlen.

> „Wir wissen aber, dass Kinder, die in Konfliktsituationen miteinbezogen werden, sich stärker respektiert fühlen, dem

> Glauben schenken, was ihre Eltern sagen, und deshalb mit grösserer Wahrscheinlichkeit kooperieren und sich sogar Lösungen für die Probleme einfallen lassen, die den Disziplinarbedarf überhaupt hervorgerufen haben. Im Ergebnis arbeiten Eltern und Kinder als ein Team zusammen, um gemeinsam herauszufinden, wie sie am besten mit Konfliktsituationen umgehen."
> (Siegel & Payne Bryson, 2016, S. 242)

Kinder lernen zunehmend ihre Gefühle zu regulieren und ihre Impulse zu kontrollieren, indem sie ihren Verstand – das obere Gehirn – bewusst einsetzen und ihre Impulse bremsen lernen. Durch unseren respektvollen, einfühlsamen Umgang oder mit einer liebevollen Berührung sprechen wir das obere Gehirn an. Das unterstützt das Kind, Impulse zu regulieren, Gefühle im Gleichgewicht zu halten, die Aufmerksamkeit bewusst zu lenken und ruhige Entscheidungen zu treffen. Wir lenken die Kinder somit zum Gebrauch des oberen Gehirns um. Für die Umlenkung ist es hilfreich, wenn wir den Blick auf das Positive richten, flexibel und kreativ nach Lösungen suchen und vielleicht auch mit Humor reagieren. „Was kannst du tun, um das wieder in Ordnung zu bringen?"

> „Wir müssen unseren Kindern bei der Entwicklung des oberen Gehirns – samt aller Kompetenzen, die es möglich macht – helfen und dabei möglicherweise in dieser Zeit als ein äusseres oberes Gehirn dienen, mit ihnen zusammenarbeiten und ihnen helfen, Entscheidungen zu treffen, die alleine zu treffen sie noch nicht vollständig im Stande sind."
> (Siegel & Payne Bryson, 2016, S. 73)

Kinder benötigen ein Lernfeld, in dem sie sich sicher fühlen und wissen, dass sie auch geliebt werden, wenn sie sich nicht angemessen verhalten oder Fehler machen. Wir verstärken die Beziehung, indem wir unseren Kindern zeigen, dass wir ihnen Unterstützung, Trost und bedingungslose Liebe geben. Kinder brauchen Grenzen, loten diese aus, überschreiten sie … Sie wollen mit uns zusammenarbeiten, wollen uns gefallen, und wir nutzen Gelegenheiten, die sich im Alltag bieten, um ihnen zu vermitteln, was uns wichtig ist. Damit im Gehirn die entsprechenden Verbindungen aufgebaut und verstärkt werden, braucht das Kind mehrmals die gleichen Erfahrungen. Ich kenne das von meinen eigenen Lernprozessen, ich brauche auch Wiederholungen, bis sich neue Inhalte und Verhaltensweisen bei mir verankert haben.

> „Diese Verbindungen werden es ermöglichen, immer mehr zu Menschen zu werden, die wissen, wie sie in stressigen Situationen gelassen bleiben, an andere denken, ihre Emotionen regulieren und gute Entscheidungen treffen können."
> (Siegel & Payne Bryson, 2016, S. 23)

Manchmal brauchen sowohl das Kind als auch wir noch Zeit, bis wir bereit sind, in Ruhe miteinander ein Gespräch zu führen. Es lohnt sich, sich diese Zeit zu nehmen und nicht vorschnell mit Konsequenzen zu reagieren. Dem Kind gibt es Sicherheit, wenn wir konsequent reagieren; wir beachten aber, dass wir flexibel und situationsangepasst bleiben. Im Moment reicht es vielleicht aus, das Kind in die Arme zu nehmen, damit wir uns beide beruhigen können.

„Für uns lässt sich Disziplin auf eine einfache Formel bringen: *Verbinden und umlenken*. Unsere erste Reaktion sollte immer aus dem Anbieten tröstender Verbindung bestehen; dann können wir Verhaltensweisen umlenken. *Auch wenn wir Nein zu dem Verhalten der Kinder sagen, wollen wir doch immer Ja zu ihren Emotionen sagen sowie zu der Art und Weise, wie sie Dinge erleben.*"
(Siegel & Payne Bryson, 2016, S. 305)

Die sechs Schritte der niederlagelosen Methode der Konfliktbewältigung bieten eine gute Hilfestellung für ein klärendes Gespräch. Wir beziehen das Kind mit ein und sichern damit die Bereitschaft des Kindes, sich an der Problemlösung zu beteiligen.

> *Niederlagelose Konfliktbewältigung*

„1. Den Konflikt identifizieren und definieren.
2. Mögliche Alternativlösungen entwickeln.
3. Die Alternativlösungen kritisch bewerten.
4. Sich für die beste annehmbare Lösung entscheiden.
5. Wege zur Ausführung der Lösung ausarbeiten.
6. Spätere Untersuchung, um zu beurteilen, wie sie funktionierte."

(Gordon, 1989, S. 254)

Zur Veranschaulichung beschreibe ich auch diesen Ablauf anhand eines Beispiels:

Immer wieder geraten die Eltern mit ihrer Tochter in lautstarke Diskussionen, wenn die Zeit für die Rückkehr von Unternehmungen am Abend festgelegt werden soll. Die Tochter verlangt, zusammen mit ihren Kolleginnen nach Hause zu gehen. Die Wohnung liegt in einem abgelegenen Quartier, in welchem auch eine der Kolleginnen der Tochter wohnt. Die Eltern bestehen auf einen festgelegten Zeitpunkt. Der vorgeschlagene Zeitpunkt entspricht jedoch nicht der Zeit, welche die Kollegin und deren Eltern als angemessen betrachten.

Die Tochter will auf keinen Fall alleine den Heimweg antreten. Sie schlägt vor, mit der Kollegin zu vereinbaren, wann sie zusammen nach Hause kommen. Sie legen gemeinsam eine Zeit fest. Die Eltern schlagen vor, die Tochter zu einem vorgegebenen Zeitpunkt zu treffen und nach Hause zu holen.

Nach Abwägung der verschiedenen Lösungen einigen sie sich auf den Vorschlag der Tochter. Dabei wird sichergestellt, dass die Kollegin tatsächlich zu dieser Lösung Hand bietet. Die Lösung bewährt sich. Die nervenaufreibenden, wiederkehrenden Diskussionen finden ein Ende.

Sollte die vereinbarte Lösung nicht eingehalten werden, wird das Kind klar, sachlich und bestimmt darauf aufmerksam gemacht. Wir formulieren eine „Ich-Botschaft": „Ich bin enttäuscht, dass du dich heute nicht an die Abmachung gehalten hast." Mit dem „heute" geben wir die Botschaft mit, dass dies kein Dauerzustand ist, sondern ein Zustand, der vorbeigeht. Darum ist es auch wichtig, keine Verallgemeinerungen auszusprechen, wie: „Du hältst dich nie an Abmachungen!" Das Kind soll unsere Aussage als freundlich und unterstützend, nicht als strafend und abwertend empfinden. Die Empfindung des Kindes ist dabei entscheidend. Stellen wir fest, dass das Kind sich unverstanden fühlt, können wir nachfragen oder miteinander überlegen, was ihm hilft, sich an diese Abmachung zu halten. Wir ermutigen es auch und schenken ihm das Vertrauen, dass es das nächste Mal besser gelingen wird.

> „Ein Grundprinzip für die Aufrechterhaltung guter menschlicher Beziehungen ist *gegenseitige Achtung*: die Achtung der eigenen Würde und der Würde des anderen."
> (Dreikurs & Blumenthal, 2010, S. 318)

Manchmal hilft es uns, eine Situation aus Distanz zu betrachten. Dabei beobachten wir das Kind beispielsweise beim Spielen und sehen, wie es mit seiner Puppe umgeht. Wir können uns auch fragen, wie das Kind uns beschreiben würde. Die Antworten geben uns Hinweise auf unsere Reaktionen. Wenn wir die Situation sachlich erkannt und verstanden haben und dabei sowohl die Sichtweise des Kindes als auch unsere Lage einbezogen haben, handeln wir wirksam. Wir zeigen dem Kind unsere Erkenntnisse auf und erklären ihm, welche Absichten wir hinter seiner Handlung vermuten. An der Reaktion des Kindes werden wir erkennen, ob wir die Lage richtig eingeschätzt haben.

Distanz zur Situation schaffen

Es kann jedoch ausreichen, dass wir uns nach intensiver Auseinandersetzung mit der Situation im Klaren darüber sind, welche Folge ein unangemessenes Verhalten in Zukunft nach sich ziehen soll. Die Kinder scheinen diese unausgesprochene Entschlossenheit zu spüren und stellen ihr

Verhalten oft ein, bevor die Folge eintritt. Die Zeit, sich mit der Situation auseinanderzusetzen und Distanz zu schaffen, ist also sehr wichtig.

Wir dürfen nicht von uns erwarten, dass wir immer perfekt reagieren. Damit überfordern wir uns. Streben wir das Vorleben von Perfektion an, erschweren wir nicht nur uns das Leben, sondern entmutigen auch unsere Kinder. Sie bekommen das Gefühl, dass sie nie so gut sein können wie wir, und nehmen uns nicht als Vorbild. Verlieren wir die Fassung, wirkt sich das negativ auf unser eigenes Selbstwertgefühl aus. Für uns ist es wichtig, dass wir an die Wirksamkeit unseres Handelns glauben. Erkennen wir in einer schwierigen Situation, dass wir uns nicht mehr beherrschen können, ziehen wir uns zurück. Wir geben uns Zeit, um nicht unangemessen zu reagieren. In Konfliktsituationen fehlt die Gesprächsbereitschaft des Kindes. Darum muss die Handlung Worte ersetzen. Beispielsweise mit den Worten: „Mich macht das sehr wütend, ich brauche Zeit. Wir reden miteinander, sobald wir uns beide beruhigt haben."

> *Keine Perfektion, keine Eskalation*

„Sich zur Zeit des Konflikts zurückzuziehen, hilft tatsächlich die Freundschaft erhalten."
(Dreikurs & Soltz, 1992, S. 164)

Wir reagieren mit zunehmender Sicherheit, wenn wir bereit sind, immer wieder zu üben und zu lernen. Dabei dürfen wir uns und die Kinder nicht überfordern und nur an einem Problem arbeiten. Es ist wichtig, uns am Gelingen zu orientieren, sowohl beim Kind, als auch bei uns.

> „Es ist gut, wenn man nie 100% sicher ist, wie das Kind ist, wie man selbst ist oder wie die richtige Erziehungsstrategie ist. Manchmal ist die Unsicherheit mehr wert als das Wissen. Wer nicht genau weiss, was richtig und was falsch ist, der muss immer wieder in Kontakt gehen, kommunizieren, dem anderen Raum geben, zuhören und offen für Signale des Kindes sein. Darum geht es ein Leben lang. Immer wieder neu hinschauen und hinhören und sich immer wieder überraschen lassen, von **dem, was man erlebt**."
> (Anderssen-Reuster, 2015, S. 147)

Eltern bilden dem Kind gegenüber keine gemeinsame Front. Ein Elternteil löst mit einem Kind allein einen Konflikt, den sie miteinander haben.

Wir wollen, dass unsere Kinder fähig werden, Probleme zu lösen, Entscheidungen zu treffen, Verantwortung für ihr Handeln zu übernehmen und dabei ein Gefühl für die Gemeinschaft entwickeln. Diese Fähigkeiten fördern wir, wenn wir gemeinsam mit ihnen das Problem betrachten und nach Lösungen suchen. Zudem leben wir ihnen vor, wie wir einfühlsam mit Mitmenschen umgehen. Wir lassen sie an unseren Erfahrungen teilhaben und sie greifen vielleicht in einer schwierigen Situation darauf zurück und wenden sich an uns als Ratgeber.

> „Der erfolgreiche Berater lässt <u>teilhaben</u>. Anstatt zu predigen, <u>bietet er an</u>. Anstatt aufzudrängen, <u>schlägt er vor</u>. Noch entscheidender ist: Der erfolgreiche Berater lässt teilhaben, bietet an und schlägt vor, aber nicht mehr als <u>einmal</u>."
> (Gordon, 1989, S. 294)

Zwei Methoden, welche der beschriebenen Grundhaltung entsprechen und mich bereits seit längerer Zeit begleiten, werde ich genauer ausführen[27]. Ich tue dies im Bewusstsein, dass wir alle das Wissen in uns haben, gute Eltern zu sein und wir immer unser Bestes geben. Vielleicht dienen diese Impulse als Denkanstösse, um Neues auszuprobieren.

Zum einen sind dies die Erziehungsmethoden des Kinderpsychologen Rudolf Dreikurs[28], welche mich bereits bei der Ausbildung zur Primarlehrerin begeistert haben. Seine Bücher gehören heute noch zu den Bestsellern unter den Erziehungsratgebern.

> „Diese drei Prinzipien gehören untrennbar zusammen. Anpassung an die Gemeinschaft ist das Ziel, Friedlichkeit die Methode und Ermutigung der Kern der Erziehung."
> (Dreikurs & Blumenthal, 2010, S. 147)

Auf der Grundlage gegenseitiger Achtung ist eine bewusste Anwendung einer friedlichen Methode ein sehr wirksamer Weg im Umgang mit Fehlverhalten. Schwierige Situationen bleiben uns im Alltag mit Kindern nicht erspart, sie gehören sowohl zum Lernweg der Kinder als auch zu unserem.

Zum anderen hat mich der lösungsorientierte Ansatz[29], welchen ich bei der Ausbildung zur Schulischen Heilpädagogin kennen lernen durfte, gepackt. Er kann nicht nur in der Therapie, sondern auch im Umgang bei Schwierigkeiten mit Kindern genutzt werden. Das lösungsorientierte Modell wurde von Steve de Shazer und Insoo Kim Berg aufgebaut und seither

---

[27] In den Kapiteln 9.1 und 9.2
[28] Siehe Kapitel 9.1
[29] Siehe Kapitel 9.2

immer weiter entwickelt und für die Arbeit in verschiedenen Bereichen angepasst.

> „Die Kreativität liegt im Kind selbst. Die Kinder sind die Experten und bringen uns bei, was sie brauchen, wenn wir nur aufmerksam zuhören und beobachten und das, was sie sagen und tun, ernst nehmen."
> (Steiner & Berg, 2016, S. 20)

Immer wieder durfte ich bei der Arbeit als Heilpädagogin erleben, wie Kinder sich bei lösungsorientierten Gesprächen öffneten. Sie merken, dass wir den Blick nicht auf ihr Problem richten, sondern darauf, was sie können und wo sie hinwollen. „Was ist dir bereits gut gelungen? Was könnte ein nächster Schritt sein?" Kinder sprechen nicht gern über ihre Probleme, jedoch sprechen sie gern über ihre Stärken und ihre Visionen. Mit der Wunderfrage führen wir sie in eine bessere Zukunft: „Stell dir vor, du gehst heute Abend ins Bett, und während du schläfst, geschieht ein Wunder. Das Problem, das du hattest, ist gelöst. Da du geschlafen hast, weisst du aber nicht, dass dieses Wunder geschehen ist. Woran würdest du erkennen, dass dieses Wunder geschehen ist?" Der lösungsorientierte Ansatz entspricht dem Grundgedanken der Positiven Psychologie, welche auf das Positive, die Ressourcen im Menschen und in der Welt ausgerichtet ist. Ziel ist das Wohlbefinden des Menschen und seine seelische Gesundheit. Das wirkt sehr stärkend.

Denkanstösse:

- *Was hilft uns dabei, uns in schwierigen Situationen mit unseren Kindern zu verbinden?*
- *Wie leiten wir unsere Kinder um, wie helfen wir ihnen, das obere Gehirn zu nutzen?*
- *Welche Voraussetzungen müssen für uns erfüllt sein, damit wir mit unserem Kind zusammen Konflikte lösen können?*

Probleme als Chancen nutzen

9.1 Respektvoller Umgang miteinander

Alle fühlen sich auf dem gemeinsamen Weg gleichwertig, wenn unsere Erziehung auf den folgenden drei Prinzipien beruht: Ziel der Erziehung ist die Anpassung an die Gemeinschaft.

> *Gemeinsam auf dem Weg*

Wir lösen Probleme auf friedliche Weise. Wir ermutigen unsere Kinder bei diesem Prozess.

In einem demokratischen Leben bildet die gegenseitige Achtung die Grundlage. Dies bedingt, dass Kinder in Angelegenheiten, die sie direkt betreffen, ein Mitspracherecht haben. Dadurch verhindern wir, dass Kinder uns in Machtkämpfe verwickeln. Kinder und Eltern arbeiten miteinander, sie kämpfen nicht gegeneinander. Kinder wollen mit uns zusammenarbeiten. Wir schalten in schwierigen Situationen eine Denkpause ein, erkunden die Ursachen und überlegen uns ein Vorgehen auf Grund der drei Prinzipien. Es ist nicht erforderlich, alle Probleme im Alleingang zu lösen. Unser unterstützendes Umfeld[30], kann uns eine Aussensicht bieten und Anregungen geben.

Meinungsverschiedenheiten oder unterschiedliche Interessen kommen in allen Gemeinschaften vor, sie sollten jedoch nicht in einen Konkurrenzkampf oder Streit ausarten. Verhalten sich Kinder unangemessen, dann sind sie meistens unsicher oder unglücklich. Es gibt einen Grund, warum sie nicht mit uns in die gleiche

> *Ursache für unangemessenes Verhalten suchen*

---

[30] Siehe Kapitel 7.2

Richtung ziehen. Sie verfolgen mit ihrem Verhalten ein Ziel. Um Kinder bei unangemessenem Verhalten zur Mitarbeit zu gewinnen, nehmen wir uns zuerst Zeit und versuchen uns in das Kind zu versetzen. Wir betrachten seine Sichtweise, probieren sein Verhalten zu verstehen und finden heraus, welches Ziel hinter diesem Verhalten stecken könnte. Will das Kind Aufmerksamkeit, will es seine Überlegenheit zeigen, sich rächen, in Ruhe gelassen werden, ist es entmutigt, unsicher oder kämpft es mit uns gar um Macht?

Möglicherweise ist ein Bedürfnis des Kindes nicht befriedigt. Eine Orientierungshilfe bietet dazu der humanistische Psychologe Abraham Maslow mit seiner Bedürfnishierarchie, welche im Anschluss an diesen Absatz abgebildet ist (Gerrig & Zimbargo, 2008, S. 421).

Orientierung an Bedürfnissen

Zuerst müssen die Bedürfnisse der untersten Hierarchieebene, die biologischen Bedürfnisse, wie Hunger und Durst, erfüllt sein. Erst dann können wir uns um die Bedürfnisse der nächsten Ebene, dem Sicherheitsbedürfnis zuwenden. Unsere zweite Tochter reagierte beispielsweise immer sehr ungehalten, wenn sie Hunger hatte.

Unser Ziel ist es, dass das Kind lernt, aus innerem Antrieb das Richtige zu tun. Das Kind erkennt, dass es befriedigender ist, sich an den Menschen in seiner Umgebung zu orientieren und sich an die vorgegebenen Regeln zu halten. Spontane Reaktionen halten

Beobachten

Gefühle verstehen

wir bewusst zurück, was für mich oft eine grosse Herausforderung ist. Vor allem nützt es nichts, wenn wir auf das Kind einreden. Wir beobachten in Ruhe das Kind und uns selbst, bis wir die Situation aus dem Blickwinkel des Kindes verstehen. Unsere eigenen Gefühle helfen uns, die Situation zu verstehen. Wir ergründen und verstehen also auch uns selber und unsere eigenen Gefühle. Fühle ich mich beispielsweise gestört, dann könnte es sein, dass das Kind mit seinem Verhalten versucht, meine Aufmerksamkeit auf sich zu lenken.

Wir handeln überlegt und wenden natürliche und logische Folgen, wie ich sie anschliessend genauer beschreiben werde, bewusst an. Damit übergeben wir dem Kind die Verantwortung für seine Handlung (Dreikurs & Grey, 1991). Es ist nicht nötig, immer sofort zu reagieren und eine Lösung bereit zu haben. Wir nutzen die Zeit einer Denkpause. Da es wichtig ist, bei Folgen konsequent zu handeln, überlegen wir uns gut, ob eine Umsetzung möglich ist.

> *Denkpausen nutzen*

> „Diese Pause zwischen Reaktivität und feinfühligem Eingehen auf das Kind ist der Beginn von Wahlmöglichkeit, Absicht und elterlichem Geschick."
> (Siegel & Payne Bryson, 2016, S. 35)

Unser Sohn erhitzte sich während seinem aktiven Alltag sehr schnell, zog oft die Jacke aus und legte sie irgendwo hin. Als wir ihm im Frühling bereits die zweite Regenjacke kauften, vereinbarten wir, dass er die nächste Jacke selber zu bezahlen habe. Er verlor die Jacke erneut und musste seine ganzen Ersparnisse für eine neue Jacke ausgeben, was ihm sehr schwer fiel. Die selber bezahlte Jacke verlor er jedoch nicht mehr.

Oft empfinden wir in solchen Situationen Mitleid mit unserem Kind. Wir lassen uns dadurch jedoch nicht daran hindern, konsequent zu bleiben, um die Wirkung der Folge nicht zu vermindern. Ich sehe heute noch eine Erstklässlerin meiner ersten Schulklasse vor mir, die sich gerade der Folge einer Vereinbarung bewusst wurde und ich spüre noch den Kampf, den ich mit mir austrug, damit ich mich zurückhielt und nicht eingriff.

> „Ein störendes Verhalten, eine schlechte Gewohnheit lassen sich am erfolgreichsten ändern, wenn wir dem Kind die Folgen seines Handelns, die natürliche oder die logische Konsequenz, klarmachen und dies wirken lassen."
> (Dreikurs & Blumenthal, 2010, S. 214)

Natürliche Folgen sind einfacher umsetzbar. Sie treten ein, ohne dass wir etwas dafür unternehmen. Wir halten uns zurück und greifen nicht ein.

Natürliche Folgen wirken lassen

Ein Beispiel: Das Kind trödelt am Morgen. Seine Freunde, mit denen es zur Schule läuft, brechen zum abgemachten Zeitpunkt auf. Das Kind muss allein zur Schule laufen. Die Konsequenz stellt sich ein und das Kind hat die Chance aus dieser Erfahrung zu lernen. Es erkennt, dass es sich lohnt, sich zügig bereit zu machen.

Logische Folgen richten wir selber ein und teilen sie dem Kind klar mit. Das Fehlverhalten zieht ein unangenehmes Ereignis nach sich. Wir überlegen ganz genau, welches natürliche Ergebnis sich aus einem falschen Verhalten ergibt. Die Folge entsteht aus der Sache, der Situation heraus. Das Kind weiss sehr genau, welche Konsequenz eintritt, wenn es beispielsweise eine Regel nicht einhält. Sind wir bei Folgen unsicher, können wir uns überlegen, ob die Folge einen Lerneffekt oder einen Angsteffekt hat. Folgen kann das Kind besser annehmen, wenn es diese nicht als Strafe empfindet. Darum ist es wichtig, dass wir auf den Tonfall achten, dass wir die Konsequenzen ruhig und entschieden erklären, nicht im Ärger oder als Drohung.

Logische Folgen einrichten

Ein Beispiel: Das Kind schreit, so dass die Mutter nicht telefonieren kann. Die Mutter fordert das Kind in ruhigem Ton auf, in sein Zimmer zu gehen, da sie nicht telefonieren könne. Das Kind bekommt die Möglichkeit wieder zurückzukommen, wenn es sich ruhig verhält. Verlässt das Kind das Zimmer, in welchem die Mutter telefoniert, nicht, wird das Gespräch unterbrochen und die Forderung wird konsequent durchgezogen. Dabei ist es hilfreich, dem Kind die Wahl zu überlassen. „Willst du selber gehen oder soll ich dich hinaustragen?"

Weitere Beispiele aus dem Alltag:

Regel	**Folge bei Regelverstoss**
Schuhe vor der Türe ausziehen	Boden reinigen
Schmutzige Kleider in den Wäschekorb legen	Selber waschen
Während Autofahrten ruhig miteinander umgehen	Fahrt unterbrechen
Zähne putzen	Keine Süssigkeiten essen

Wir reagieren so, dass das Kind erkennt, dass es nicht abgelehnt wird, sondern nur sein Verhalten. Das Verhalten ist durch die Situation entstanden und liegt nicht in der Persönlichkeit des Kindes. Diese Grundhaltung zeigt uns, dass wir nicht das Kind verändern wollen oder können. Wir unterscheiden die Tat vom Täter. Das Kind bekommt die Gelegenheit, sein Verhalten zu verändern. Wir zeigen ihm, dass wir daran glauben, dass es dies kann. Das Kind spürt unser Vertrauen. Es ist wichtig, diese Unterscheidung immer wieder zu betonen. Unsere älteste

Fehler im Verhalten, nicht in der Person

Tochter wäre rückblickend froh gewesen, sie hätte diese Botschaft während der Pubertät aufgenommen.

> „Ich habe kein Recht, eine Person, die sozial gleichwertig ist, zu bestrafen; ich habe aber die Verantwortung, mein Kind zu leiten und zu führen. Ich habe nicht das Recht, meinen Willen durchzusetzen; aber ich habe die Verantwortung, seinen ungebührlichen Forderungen nicht nachzugeben."
> (Dreikurs & Soltz, 1992, S. 91)

Eine Veränderung des Verhaltens kann auch herbeigeführt werden, indem wir die Situation oder unsere Reaktion verändern. Wir überlegen uns beispielsweise, welche Reaktion das Kind von uns erwartet. Bewusst können wir uns eine andere Reaktion ausdenken, eine Reaktion, die das Kind nicht erwartet. Dies zwingt das Kind zum Nachdenken und verschafft uns eine Atempause, die uns Zeit zum Überlegen gibt.

Eine positive Wirkung kann manchmal bereits erzielt werden, wenn wir gar nicht reagieren. Wir schenken dem Kind nicht die gewünschte Aufmerksamkeit für sein unangemessenes Verhalten.

Humor lockert eine angespannte Situation ebenfalls auf. Es tut allen Beteiligten gut, wenn wir gemeinsam lachen. Dabei darf das Lachen auf keinen Fall als Auslachen verstanden werden. Wir kennen unsere Kinder am besten und wissen, ob sie unsere Reaktion richtig verstehen und ob Humor eine angemessene Reaktion ist.

In Situationen, die bei Kindern Trotz oder Feindseligkeit hervorrufen, kann es vor allem bei jüngeren Kindern hilfreich sein, für Ablenkung zu sorgen und die Situation später zu klären. Zur Klärung können wir auch die magische Denkweise des Kindes nutzen. Die magische Phase beeinflusst das Denken und Handeln des Kindes zwischen dem dritten und fünften Lebensjahr. Während dieser Zeit ist in der Fantasie alles möglich. Die Kinder schlüpfen in eine Rolle und nehmen damit eine andere Perspektive ein. Auch das Kuscheltier kann ins Rollenspiel einbezogen werden.

> *Klärung aufschieben, altersgerecht nachbesprechen*

Mit dem Kind eine schwierige Situation zu besprechen macht nur Sinn, wenn es bereit ist, zu hören, was wir sagen. Wir achten darauf, dass wir nicht zu viel reden und das Gesagte vor allem nicht wiederholen. Das ist für mich eine grosse Schwierigkeit. Immer wieder stelle ich fest, dass ich mich wiederhole. Kinder fühlen sich gelangweilt und schweifen ab, wenn zu viel geredet wird. Sie sollen sich an das Zuhören gewöhnen und nicht auf unsere Wiederholung vertrauen.

Denkanstösse:

- *Welche Grundhaltung beeinflusst unser Handeln?*
- *Überlassen wir unseren Kindern die Verantwortung für ihr Handeln?*
- *Nehmen wir uns Zeit, das unangepasste Verhalten unseres Kindes zu verstehen?*
- *In welchen Situationen halten wir uns zurück, um natürliche Folgen wirken zu lassen?*
- *Welche logischen Folgen helfen dem Kind, aus Erfahrungen zu lernen?*
- *Handeln wir freundlich, entschieden und konsequent?*
- *Wie erreichen wir, dass unsere Kinder uns beim ersten Mal zuhören?*

9.2 Lösungsorientierter Umgang mit Problemen

Den lösungsorientierten Weg zu wählen sorgt ebenfalls für eine Bewältigung des Konflikts ohne Gewinner und Verlierer. Wesentlich ist dabei, den Blick immer darauf zu lenken, was gut funktioniert. Nur auf dem Guten können wir aufbauen, das Positive verstärken wir, um es zu vermehren. Wir drücken damit das Vertrauen in die Fähigkeiten des Kindes aus und machen ihm Mut. Zudem hilft uns der Blick auf das Positive, Distanz zum unangemessenen Verhalten zu schaffen. Die Lösung des Problems liegt in den Händen des Kindes. Wir begleiten das Kind bei der Suche nach Lösungen. Durch die Mitbestimmung ist das Kind bereit, Verantwortung für die Umsetzung der Lernschritte zu übernehmen. Gemeinsam gelingt es oft, überraschende Lösungen zu finden, die für alle Beteiligten annehmbar sind, auf die wir alleine nie gekommen wären. In kleinen Schritten streben wir die Veränderung des Verhaltens an und arbeiten immer nur an einem Problem. Wir versuchen das Kind zur Mitarbeit zu gewinnen, regen es an, ermutigen es und freuen uns mit ihm über jeden kleinen Erfolg.

> *Lösung in der Verantwortung des Kindes*

Hat sich ein unangemessenes Verhalten verfestigt, lohnt sich eine genauere Betrachtung des Problems:

- Welche Gründe, Gefühle könnten hinter diesem Verhalten liegen?
- Habe ich das Kind richtig verstanden und seine Absicht richtig gedeutet?
- In welchen Situationen tritt das Problem auf?
- Wie verhalte ich mich?

- Was habe ich bereits (erfolglos) versucht?
- Erkenne ich eigene Fehler, habe ich die Chance, daraus zu lernen und neue Wege zu suchen und zu gehen?
- Wie denkt das Kind, anhand meiner Reaktion, über sich?
- Ist mein Impuls von Freundlichkeit und Wohlwollen geprägt, kann sich das Kind auf mich verlassen?

Erkennen wir, was nicht erfolgreich wirkt, ist dies bereits der erste Schritt, zu sehen, was wir verändern können. Verlangt ein Kind dauernd nach unserer Aufmerksamkeit, dann hat es seinen Platz nicht gefunden. Beim Erforschen der Situation versuchen wir zu ergründen, warum das Kind unglücklich oder unsicher ist. So erkennen wir, was die Situation erfordert, und können sie verändern. Zugehörigkeit ist ein Bedürfnis der Kinder. Werden sie ausgeschlossen oder nicht beachtet, dann ist dies für sie sehr schmerzhaft, sie fühlen sich minderwertig. Es ist ihnen nicht möglich ein Gemeinschaftsgefühl zu entwickeln, es entsteht ein feindseliges Konkurrenzdenken. Kinder suchen nach Wegen um Beachtung zu finden, sei es durch auffälliges Verhalten oder das Demonstrieren von Überlegenheit. Der Kampf, den sie führen, ist ihnen nicht bewusst. Ein erster Schritt kann sein, ihnen ihre Situation bewusst zu machen und ihnen zu helfen, einen erfolgreichen Weg zu finden.

Der finnische Psychiater Ben Furmann und der finnische Sozialpsychologe Tapani Ahola haben ein Problemlösungsprogramm für Kinder und Jugendliche entwickelt (Furman, 2015). Das Programm heisst „Ich schaffs!". Kinder und Jugendliche erlernen Fähigkeiten, um Probleme zu bewältigen und ein Verhalten zu verändern. Wir arbeiten bei diesem Programm nach dem lösungsorientierten Ansatz. Den

Fähigkeiten schrittweise erlernen

Blick lenken wir auf das richtige Verhalten. Wir gehen der Frage nach, was das Kind lernen muss, damit das Problem behoben werden kann. Um die Motivation zu steigern, eine neue Fähigkeit zu erlernen, sprechen wir mit dem Kind über die Vorteile, die die neue Fähigkeit mit sich bringen wird, und bauen dann Hilfestellungen auf.

„In jedem unerwünschten Verhalten steckt eine Fähigkeit,
die es zu erlernen gilt."
(Furman, 2015, S. 23)

Kurz umschreibe ich die fünfzehn Schritte nach dem Programm „Ich schaffs!":

1. Probleme in Fähigkeiten verwandeln: Welche Fähigkeit möchtest du neu lernen oder besser können?
2. Sich mit dem Kind auf eine Fähigkeit einigen, die es zuerst erlernen möchte.
3. Den Nutzen der Fähigkeit herausfinden: Welche Vorteile hat es für dich, diese Fähigkeit zu lernen?
4. Der Fähigkeit einen Namen geben: Welchen coolen Namen willst du der Fähigkeit geben?
5. Eine Kraft-Figur zur Unterstützung aussuchen.
6. Helferinnen und Helfer einladen: Wen willst du bitten, dich zu unterstützen?
7. Vertrauen aufbauen: Warum glaubst du, dass du deine Fähigkeit erreichen wirst?
8. Feier planen: Wie möchtest du feiern, wenn du deine Fähigkeit gut kannst?

9. Fähigkeit beschreiben: Stell dir vor, du bist schon fit in deiner neuen Fähigkeit. Zeig, wie du es genau machst, wenn du sie schon kannst.
10. Öffentlich machen: Menschen im Umfeld des Kindes informieren, welche Fähigkeit es gerade lernt.
11. Fähigkeit üben: Wie willst du üben? Wem, wann und wo könntest du die neue Fähigkeit zeigen?
12. Erinnerungshilfen erfinden: Wie möchtest du von deinen Helfern erinnert werden, wenn du deine Fähigkeit einmal vergisst?
13. Erfolg feiern und Menschen danken, die Unterstützung gegeben haben.
14. Fähigkeit an andere weitergeben: Wem könntest du helfen, auch von deiner neuen Fähigkeit zu lernen?
15. Zur nächsten Fähigkeit übergehen: Was möchtest du denn noch lernen?

Je nach dem Alter des Kindes passen wir die einzelnen Schritte an. Der Schwerpunkt unserer Aufmerksamkeit liegt jedoch auf dem Lernweg. Es lohnt sich, regelmässig gemeinsam zu überprüfen, was bereits gut gelingt und was als nächster kleiner Schritt in Angriff genommen werden könnte. Dieser Weg braucht Ausdauer und Bestätigung. Die Fortschritte sichtbar zu machen, zu zeigen, was das Kind alles bereits gelernt hat, hilft ihm, auf dem Weg den Mut nicht zu verlieren.

Bei Regelverstössen und Streichen, die Schaden anrichten, ist es sehr wichtig, dass Eltern reagieren. Für das Kind soll bei einem lösungsorientierten Vorgehen als erstes klar erkennbar sein, dass es eine Regel missachtet hat. Es wird gestoppt, um weiteren Schaden zu vermeiden. Als zweites macht es den bereits angerichteten

Reagieren bei unangemessenem Verhalten

Schaden seinem Alter entsprechend wieder gut. Wir besprechen mit ihm, wie es das machen könnte, und bieten unsere Unterstützung an, auch wenn es sich nicht um einen materiellen Schaden handelt. Mit der Wiedergutmachung wird der Vorfall abgeschlossen und nicht mehr nachgetragen. Auf dem Lernweg können wir miteinander gelegentlich wieder schauen, was das Kind jetzt besser macht, was es bei diesem Vorfall gelernt hat.

„1. Reaktion zur Schadensbegrenzung und Problemerkennung
2. Die Sache wieder in Ordnung bringen
3. Den Vorfall abschliessen
4. Das Kind in seinem Lernprozess unterstützen"
(Baeschlin & Baeschlin, 2008, S. 30)

Anhand eines Beispiels möchte ich das Vorgehen veranschaulichen:

Zwei Geschwister werfen voller Freude Kieselsteine auf das Dach der Nachbarn. Mit ihrer Freude wächst ihr Übermut. Durch einen Anruf der aufgebrachten Nachbarin erfährt die Mutter vom Treiben ihrer Kinder und beendet das lustvolle Spiel abrupt. Die Kinder erkennen, dass die Mutter wütend ist. Die Mutter braucht Zeit, um den Ärger abklingen zu lassen, teilt dies den Kindern mit und fordert sie auf, sich in ihr Zimmer zu begeben. So haben die Mutter und die Kinder Zeit, sich zu überlegen, wie der Vorfall in Ordnung gebracht werden kann. Durch den Aufschub beruhigen sich die erhitzten Gemüter und eine Eskalation der Situation wird verhindert. In aller Ruhe besprechen sie später gemeinsam, wie die Kinder die Sache mit der Nachbarin in Ordnung bringen wollen. Die Kinder entscheiden sich, ihr Taschengeld zu holen und damit für die Nachbarin Blumen zu kaufen. Gemeinsam machen sie sich schweren Herzens auf den Weg zur Nachbarin. Mit einem Lob für diesen mutigen letzten Schritt ist der Vorfall abgeschlossen. Solche Aktionen bleiben meistens einmalig, da sich die Kinder bewusst werden, dass sie mit solchen Handlungen Schaden anrichten oder andere Menschen ärgern. Die Wiedergutmachung hilft den Kindern, den Schaden bei anderen Menschen zu erkennen und zu beheben. Sie lernen, dass ein unannehmbares Verhalten nicht einfach rückgängig gemacht werden kann.

Mich an schwierige Situationen und Konflikte in unserem Familienalltag zu erinnern, ist mir nicht leicht gefallen. Nicht, weil es bei uns keine gegeben hätte, sondern weil ich rückblickend merke, dass die schönen Erinnerungen lebendig bleiben. Wir haben bereits während der Schwangerschaft angefangen, für unsere Kinder ein Tagebuch zu führen. Dort wären Einträge von schwierigen Zeiten sicher zu finden. Die Tagebücher befinden sich inzwischen jedoch in der Obhut unserer Kinder. Das ist gut so. Vielleicht helfen die beschriebenen Situationen unseren Kindern einmal, bei ähnlichen Problemen mit ihren eigenen Kindern gelassener zu bleiben als wir.

Zum Schluss dieses Kapitels möchte ich noch einmal daran erinnern, dass wir Probleme nicht alleine zu lösen brauchen. Einen Austausch oder eine Beratung in Anspruch zu nehmen wirkt entlastend. So bleibt uns mehr Energie für die Lösung des Problems.

> „Da vor allem kleine Kinder sich selbst noch nicht emotional regulieren können, sind sie dabei auf ihre Bezugspersonen angewiesen. Das ist völlig natürlich und in meinen Augen eine der wichtigsten Funktionen der Bezugspersonen. Wenn diese selbst aktiviert sind, können sie das nicht leisten, wodurch die Kinder emotional im Stich gelassen

werden. Oft kommt es dadurch zu unguten Verkettungen, eine Abwärtsspirale entsteht. Je weniger das Kind Regulierung durch die Erwachsenen erfährt, desto emotionaler wird es. Und je emotionaler das Kind wird, desto stärker ist die Aktivierung und Überforderung des Erwachsenen."
(Dittmar, 2018, S. 220)

Denkanstösse:

- *Welches unangemessene Verhalten hat sich verfestigt? Muss es genauer betrachtet werden?*
- *Welche Gründe, Gefühle könnten hinter dem unerwünschten Verhalten unseres Kindes liegen?*
- *In welchen Situationen tritt das Problem auf?*
- *Wie verhalten wir uns? Fühlen wir uns wohl und sicher dabei?*
- *Welche bereits getroffenen Vereinbarungen funktionieren gut?*
- *Erkennen wir eigene Fehler, haben wir die Chance, daraus zu lernen und neue Wege zu gehen?*
- *Wie denken unsere Kinder über uns? Fühlen wir uns wohl damit?*
- *Wie zeigen wir unseren Kindern, dass sie sich auf uns verlassen können?*
- *Sind wir nachsichtig mit uns selber? Wie gehen wir mit Misserfolg um?*
- *Ziehen wir uns rechtzeitig zurück, wenn wir merken, dass wir die Geduld verlieren?*
- *Tauschen wir uns über die Probleme, die wir mit unseren Kindern haben, mit anderen aus?*

10 Gestärkt fürs Leben

Ich begegne in meiner Arbeit und privat vielen jungen Menschen. Durch die Gespräche mit ihnen bin ich überzeugt, dass immer mehr von ihnen sich bewusst entscheiden, Eltern zu sein. Sie setzen sich einfühlsam mit sich selbst, ihrer Paarbeziehung und dem Zusammenleben mit ihren Kindern auseinander. Dadurch gelingt es ihnen, sich offen dieser herausfordernden Aufgabe zu stellen, zu wachsen, sich zu entwickeln und zunehmend sicherer zu handeln. Sie schaffen für sich und ihre Kinder einen gemeinsamen Lebensraum des Vertrauens und der Verbundenheit.

Ihre Kinder können sich auf sie verlassen, erleben Sicherheit und Geborgenheit und beschreiten voller Vertrauen ihren eigenen Weg. Sie machen ihre eigenen Erfahrungen und lernen daraus. Gestärkt meistern sie die Herausforderungen im Leben. Sie entwickeln Resilienz[31], die ihnen hilft, sich schwierigen Aufgaben zu stellen und an diesen weiter zu wachsen und sich zu entfalten. Dies ist ein Faktor, der sie vor psychischen Erkrankungen schützt. Ein Beitrag, den wir leisten können.

Mit dem Schaffen eines Raumes für die Entwicklung starker Persönlichkeiten erleichtern wir uns den Familienalltag nicht, doch wir bereichern ihn. Unsere Kinder sollen selber nachdenken und ihre Meinung einbringen. Das tun sie auch im Umgang mit uns. Stellen wir uns bewusst auf diesen Austausch ein, dann erleben wir ihn als Bereicherung.

Ich finde die Auseinandersetzung mit sich und den eigenen Werten absolut notwendig, hoffe aber auch, dass in der Gesellschaft wieder vermehrt gemeinsame Werte zum Tragen kommen, durch die wir uns gegenseitig stützen und die uns im Familienalltag Halt und Sicherheit geben. Unsere Gesellschaft braucht starke Persönlichkeiten, die sich an ihren Werten

---

[31] Seelische Widerstandskraft

orientieren und für ihre Werte einstehen. Sie benötigt Menschen mit einer optimistischen Haltung, die einfühlsam mit sich selbst und miteinander umgehen, sich gegenseitig respektvoll behandeln, sichere Bindungen aufbauen und miteinander Aufgaben erfolgreich meistern. Junge Menschen, die sich Herausforderungen stellen, mit Freude ihre Stärken einsetzen und Verantwortung für ihr Tun zu übernehmen, bilden das Fundament einer funktionierenden Gesellschaft.

Mögen immer mehr junge Menschen stark und voller Zuversicht ins Leben hinausschreiten!

Zusammenfassend formuliere ich meine letzten Denkanstösse anhand der Fähigkeiten und Kompetenzen, welche resiliente Kinder aufweisen (Sit, 2015, S. 13):

- *Haben meine Kinder ein sicheres Bindungsverhalten?*
- *Rechnen sie bei ihren eigenen Handlungen mit Erfolg?*
- *Sind sie zuversichtlich und optimistisch?*
- *Gehen sie Problemsituationen aktiv an?*
- *Nutzen sie eigene Ressourcen effektiv aus?*
- *Glauben sie an eigene Kontrollmöglichkeiten? Erkennen sie auch realistisch, wenn etwas ausser ihrer Kontrolle liegt?*
- *Können sie sich selbst motivieren?*
- *Weisen sie hohe Sozialkompetenz auf (Einfühlungsvermögen, Fähigkeit für Gespräche und Zusammenarbeit)?*
- *Übernehmen sie Verantwortung?*
- *Bewältigen sie schwierige Situationen aktiv und flexibel? Holen sie sich soziale Unterstützung, wenn sie diese benötigen? Können sie sich entspannen?*
- *Besitzen sie Talente, Interessen und Hobbys?*

11 Herzlichen Dank

Nur schwer kann ich meine Dankbarkeit in Worte fassen für all die Unterstützung und Ermutigung, die ich auf meinem Weg zu diesem Buch erfahren durfte. Immer wieder haben Menschen mich mit ihrem Interesse an meiner Arbeit ermutigt, meinen eingeschlagenen Weg zu Ende zu gehen. Viele Menschen haben mich in irgendeiner Art inspiriert, was bei mir neue Motivation auslöste. Euch allen danke ich von Herzen, ohne euch namentlich zu erwähnen.

Meiner Familie, meinem Mann und meinen vier Kindern danke ich ganz besonders, weil ihr mich so annehmt, wie ich bin, und euch auch Spässe über mein Denken erlaubt. Ihr seid alle so verschieden und einzigartig, dass ich gar nicht in Versuchung komme, euch zu vergleichen. Ich danke euch für all die anregenden Gespräche, all die Rückmeldungen, all die Unterstützung, all die Beiträge von euch – Beispiele und Zeichnungen, die ich verwenden durfte – und den Glauben, den ihr an mich habt. Das gibt mir Mut.

Gudrun Schenker, du bist eine treue Wegbegleiterin und spiegelst meinen Hang zur Perfektion. Auf dich kann ich mich vollständig verlassen, mit deiner Genauigkeit und Gründlichkeit hast du dich mit meinen Worten auseinandergesetzt und mich bei jeder Überarbeitung angeregt und unterstützt. Auch deinen Glauben an mich hast du nie verloren.

Jasmin Hunziker, du spiegelst meinen Wissensdurst und die offene Suche nach einem guten Weg im Leben. Mit deinen Perspektiven und deiner Fröhlichkeit bereicherst du mein Leben und dieses Buch.

Meine Eltern, euch danke ich für alles, was ihr mir gegeben und ermöglicht habt.

Mein Gotti Irma, dir danke ich für deinen unerschütterlichen Glauben an mich und dein Interesse an meiner Arbeit.

Martin von Matt, du bist Buchhändler mit Leib und Seele, deine Freude ist ansteckend. Mit deinem Wissen und deinen Ratschlägen bist du mir zur Seite gestanden und hast dir für mich und meine Anliegen Zeit genommen. Immer hast du an die Erscheinung meines Buches geglaubt und mich ermutigt es zum Abschluss zu bringen. Du ahnst gar nicht, wie viel mir das bedeutet.

Markus Amstad, du bist ein Grafiker mit Herz und hast mit deiner Idee, mein Buch mit den Zeichnungen unserer Kinder zu bereichern, mein Herz getroffen. Ich danke dir für deine Offenheit, dass du meine Vorstellungen auf diese wunderbare Weise umgesetzt hast.

Neben meinem Mann, meinen Kindern, Gudrun Schenker und Jasmin Hunziker haben sich ganz verschiedene Menschen in verschiedenen Lebenslagen intensiv mit meinem Entwurf auseinandergesetzt und mir wertvolle Rückmeldungen für die Weiterarbeit gegeben. Ich bedanke mich herzlich bei Carmen Werder, Florence Amstalden, Isabelle Odermatt, Karin Christen, Lea Wernli Guala, Mirco Gamma, Nadine Hauri, Paula Fischer und Vreny Albert. Zudem bei Corinne Doppmann für die Unterstützung bei technischen Problemen.

Johann Brülisauer, Sie haben spontan die Suche nach Fehlern übernommen. Diese Arbeit haben Sie nicht nur sehr schnell und genau ausgeführt, sondern mir auch noch hilfreiche Formulierungshinweise gegeben.

Ich bedanke mich für Ihr Vertrauen, liebe Leserin, lieber Leser. Es freut mich sehr, wenn meine Denkanstösse auf Ihrem Weg in irgendeiner Weise hilfreich sind.

Ich danke allen, die Kinder einfühlsam auf ihrem Weg begleiten und ihnen einen Ort der Geborgenheit schenken. Möge es euer aller Leben bereichern.

12 Literaturverzeichnis

Anderssen-Reuster, U. (2015). *Wie Bindung gut gelingt.* Stuttgart: Schattauer.

Aron, E. N. (2019). *Das hochsensible Kind. Wie sie auf die besonderen Schwächen und Bedürfnisse Ihres Kindes eingehen.* München: Münchner Verlagsgruppe GmbH.

Baeschlin, M., & Baeschlin, K. (2008). *Fördern und Fordern.* Winterthur: Zentrum für lösungsorientierte Beratung.

Baumgartner, M., Boelle, S., Donzé Cottier, M., Schraner, J., & Sax, A. (2013). Stimmungsflip. Zürich: Pro Juventute.

Brooks, R., & Goldstein, S. (2009). *Das Resilienz-Buch.* Stuttgart: Klett-Cotta Verlag.

Charf, D. (2018). *Auch alte Wunden können heilen.* München: Kösel Verlag.

Chua, A. (2011). *Mutter des Erfolgs.* München: Nagel & Kimche im Carl Hanser Verlag.

Dittmar, V. (2018). *Der emotionale Rucksack. Wie wir mit ungesunden Gefühlen aufräumen.* München: Kailash.

Dreikurs, R., & Blumenthal, E. (2010). *Wie Eltern besser werden.* Stuttart: Klett-Cotta Verlag.

Dreikurs, R., & Grey, L. (1991). *Kinder lernen aus Folgen.* Freiburg: Verlag Herder.

Dreikurs, R., & Soltz, V. (1992). *Kinder fordern uns heraus.* Stuttgart: Klett-Cotta Verlag.

Dweck, C. (2015). *Selbstbild.* München: Piper Verlag.

Fredrickson, B. (2011). *Die Macht der guten Gefühle.* Frankfurt/New York: Campus Verlag.

Furman, B. (2015). *Ich schaffs!* Heidelberg: Carl-Auer Verlag.

Gerrig, R. J., & Zimbargo, P. G. (2008). *Psychologie.* München: Pearson Studium.

Getzmann, M. (2009). *Erziehung gelingt jeden Tag neu – Schule auch.* Norderstedt: Books on Demand GmbH.

Goleman, D. (2013). *Konzentriert euch!* München: Piper Verlag.

Gordon, T. (1989). *Familienkonferenz.* München: Heyne Verlag.

Hüther, G. (2016). *Mit Freude lernen ein Leben lang.* Göttingen: Vandenhoeck & Ruprecht.

Hüther, G., & Hauser, U. (2014). *Jedes Kind ist hoch begabt.* München: btb Verlag in der Verlagsgruppe Random House.

Keller, T. (2016). *Einfach ich selbst sein dürfen.* München: Scorpio Verlag.

Kindel, C. (13. Mai 2016). So ähnlich, so anders. *GEO kompakt. Was Kinder stark macht*, S. 120-127.

Liedloff, J. (1985). *Auf der Suche nach dem verlorenen Glück.* München: Verlag C. H. Beck.

Mischel, W. (2015). *Der Marshmallow-Test.* München: Siedler Verlag.

Montessori, M. (1987). *Kinder sind anders.* München: Klett-Cotta Verlag.

Niederstadt, J. (13. Mai 2016). Im Bann der Pixel. *GEO kompakt. Was Kinder stark macht*, S. 128-134.

Nikitin, B., & Nikitin, L. (1984). *Ein Modell frühkindlicher Erziehung.* Köln: Verlag Kiepenheuer & Witsch.

Omer, H., & von Schlippe, A. (2010). *Stärke statt Macht.* Göttingen: Vandenhoeck & Ruprecht Verlag.

Pransky, D. G. (2017). *Das Beziehungshandbuch. Ein einfacher Leitfaden zu erfüllenden Beziehungen.* La Conner: Pransky and Associates, P.S.

Prehn, A. (2017). *Hirnzellen lieben Blinde Kuh. Was die Hirnforschung über starke Kinder weiss.* Weinheim: Beltz Verlag.

Prohaska, S. (2016). *Lösungsorientiertes Selbstcoaching. Ihren Zielen näher kommen – Schritt für Schritt.* Paderborn: Junfermann Verlag.

Reinlassöder, R., & Furman, B. (2013). *Jetzt gehts! Erfolg und Lebensfreude mit lösungsorientiertem Selbstcoaching.* Heidelberg: Carl-Auer-Systeme Verlag.

Rollin, M. (26. Oktober 1990). *ZEIT ONLINE.* Abgerufen am 23. November 2016 von http://www.zeit.de/1990/44/irgendwie-ein-trauriges-ergebnis

Rosenberg, M. B. (2016). *Gewaltfreie Kommunikation. Eine Sprache des Lebens.* Paderborn: Junfermann Verlag.

Seligman, M. (2012). *Flourish. Wie Menschen aufblühen.* München: Kösel Verlag.

Siegel, D. J. (2012). *mindsight. Die neue Wissenschaft der persönlichen Transformation.* München: Goldmann Verlag.

Siegel, D. J., & Hartzell, M. (2014). *Gemeinsam leben, gemeinsam wachsen.* Freiburg: Arbor Verlag.

Siegel, D. J., & Payne Bryson, T. (2016). *Disziplin ohne Drama.* Freiburg im Breisgau: Arbor Verlag.

Siegel, D. J., & Payne Bryson, T. (2017). *Achtsame Kommunikation mit Kindern.* Freiburg: Arbor Verlag.

Sit, M. (2015). *Sicher, stark & mutig. Kinder lernen Resilienz.* Freiburg im Breisgau: Verlag Herder.

Spenst, D. (2020). *Das 6-Minuten Erfolgsjournal.* Hamburg: Rowohlt Taschenbuch Verlag.

Spenst, D. (2020). *Das 6-Minuten Tagebuch.* Reinbek bei Hamburg: Rowohlt Taschenbuch Verlag.

Stahl, S. (2015). *Das Kind in dir muss Heimat finden.* München: Kailash Verlag.

Stahl, S. (2017). *Jeder ist beziehungsfähig.* München: Kailash Verlag.

Steiner, T., & Berg, I. K. (2016). *Handbuch lösungsorientiertes Arbeiten mit Kindern.* Heidelberg: Carl-Auer Verlag.

Stern, A. (2013). *...und ich war nie in der Schule. Geschichte eines glücklichen Kindes.* Freiburg im Breisgau: Verlag Herder.

Stern, A. (2016). *Spielen, um zu fühlen, zu lernen und zu leben.* München: Elisabeth Sandmann Verlag.

Stern, A. (2019). *Begeisterung. Die Energie der Kindheit wiederentdecken.* München: Elisabeth Sandmann Verlag.

Storch, J., Morgenegg, C., Storch, M., & Kuhl, J. (2016). *Ich blicks. Verstehe dich und handle gezielt.* Bern: Hogrefe Verlag.

Storch, M. (2014). *Das Geheimnis kluger Entscheidungen.* München: Piper Verlag.

Winterhoff, M. (2009). *Tyrannen müssen nicht sein.* Gütersloh: Gütersloher Verlagshaus.

Zimpel, A. F. (2014). *Spielen macht schlau!* München: Gräfe und Unzer.

Über mich

Ich habe das grosse Glück, dass ich mit meinem Mann vier ganz verschiedene Kinder auf ihrem Weg begleiten darf. Auch in meiner Arbeit als Primarlehrerin und später als Schulische Heilpädagogin haben sich mir junge Menschen geöffnet und sich von mir unterstützen lassen.

Die Herausforderungen bei dieser Aufgabe haben meine Suche nach einem guten Weg im Zusammenleben und Umgang mit Kindern angeregt und mein Leben bereichert.